全国中职汽车运用与维修专业技能大赛指导丛书

Cheshen Tuzhuang Zhinan

车身涂装指南

中国汽车维修行业协会　组织编写
林旭翔　主　编
张小鹏　主　审

人民交通出版社股份有限公司
China Communications Press Co.,Ltd.

内 容 提 要

本书为全国中职汽车运用与维修专业技能大赛车身涂装项目的指导书,书中列举了比赛中的8个操作任务,包括损伤处理、中涂漆喷涂、中涂漆打磨、水性面漆喷涂、银粉漆调色、湿碰湿喷涂、板块内过渡修补、图案制作。"任务"中针对大赛中易错的地方有操作提示和实用技巧,也有大赛冠军院校的经验总结。书中还精选了100道理论考试题并有详细解析。

本书可作为中等职业学校备战各级技能比赛参考使用,也可作为汽车车身修复专业的教材,也可供相关从业人员参考阅读。

图书在版编目(CIP)数据

车身涂装指南 / 林旭翔主编. —北京:人民交通出版社股份有限公司,2016.12
(全国中职汽车运用与维修专业技能大赛指导丛书)
ISBN 978-7-114-13439-5

Ⅰ.①车… Ⅱ.①林… Ⅲ.①汽车—车体—喷涂—中等专业学校—教学参考资料 Ⅳ.①U472.44

中国版本图书馆 CIP 数据核字(2016)第 265951 号

全国中职汽车运用与维修专业技能大赛指导丛书
书　　名:**车身涂装指南**
著 作 者:林旭翔
责任编辑:刘　洋
出版发行:人民交通出版社股份有限公司
地　　址:(100011)北京市朝阳区安定门外外馆斜街 3 号
网　　址:http://www.ccpress.com.cn
销售电话:(010)59757973
总 经 销:人民交通出版社股份有限公司发行部
经　　销:各地新华书店
印　　刷:北京市密东印刷有限公司
开　　本:787×1092　1/16
印　　张:10.5
字　　数:225 千
版　　次:2016 年 12 月　第 1 版
印　　次:2019 年 6 月　第 2 次印刷
书　　号:ISBN 978-7-114-13439-5
定　　价:38.00 元

(有印刷、装订质量问题的图书由本公司负责调换)

全国中职汽车运用与维修专业技能大赛指导丛书
编审委员会

张京伟(中国汽车维修行业协会)

王凯明(中国汽车维修行业协会)

朱　军(中国汽车维修行业协会)

卞良勇(北京中交华通汽车技术咨询有限公司)

刘　亮(麦特汽车服务股份有限公司)

张小鹏(庞贝捷漆油贸易(上海)有限公司)

于开成(《汽车维护与修理》杂志社)

汪胜国(宁波市智汇汽车运用与维修技术研究中心)

麻建林(宁波公运教育科技有限公司)

励　敏(江苏省无锡汽车工程中等专业学校)

王　宁(青岛市城阳区职业中等专业学校)

林育彬(宁波市鄞州职业高级中学)

林旭翔(杭州技师学院)

徐兴振(苏州建设交通高等职业技术学校)

康学楠(中国汽车维修行业协会)

沈建伟(《汽车维护与修理》杂志社)

李　斌(人民交通出版社股份有限公司)

翁志新(人民交通出版社股份有限公司)

刘　洋(人民交通出版社股份有限公司)

全国职业院校技能大赛(以下简称"大赛")是中华人民共和国教育部发起,联合相关部门、行业组织和地方共同举办的一项全国性职业院校学生技能竞赛活动。大赛作为我国职业教育工作的一项重大制度设计与创新,深化了职业教育教学改革,推动了产教融合、校企合作,促进了人才培养和产业发展的结合,扩大了职业教育的国际交流,增强了职业教育的影响力和吸引力。大赛已经成为广大师生展示风采、追梦圆梦的广阔舞台,成为促进我国职业教育改革发展的重要抓手,对职业院校办出特色、办出水平的引领作用日益凸显。

汽车运用与维修(中职组)赛项是大赛94个竞赛项目中规模最大、影响力最大的赛项之一。本赛项每年吸引数百所院校参赛与观摩,诸多院校对赛项的考核要求、评分标准等内容关注度非常高,为了满足院校的需求,由汽车运用与维修(中职组)赛项承办单位中国汽车维修行业协会作为主要发起方,联合人民交通出版社股份有限公司,共同组织了本赛项5个项目的裁判长、本赛项近三年冠军院校的指导老师以及业内知名专家齐聚山东德州,启动了全国中职汽车运用与维专业技能大赛指导丛书的编写工作。

本套书共6本,其中《汽车运用与维修技能大赛赛事指南》为大赛承办单位对本赛项一个概要性介绍;其余5本分别对应5个分赛项,以实际操作流程为主线,结合编者所在院校多年的备赛经验和参赛体会,针对大赛中易错的地方有操作提示,针对训练中需要注意的地方有实用技巧,更有经验总结、要点说明等"精华",文后有从本赛项题库中遴选的部分理论试题并配有解析。本套书的出版在一定程度上说明了大赛怎么办,大赛怎么准备,大赛怎么比的问题,为广大中职、技工院校办赛、备赛、比赛提供了参考。

《车身涂装指南》是本套指导丛书中的一本。本书由杭州技师学院林旭翔担任主编,由韦秀宝、杨承明担任副主编,由赵春生、沈维晨、张玉环、杨金龙、蒋应成担任参编,由庞贝捷漆油贸易(上海)有限公司张小鹏担任主审。本书的编写团队来自杭州技师学院汽车整形涂装系,该系在汽车涂装方面有较强的实力,曾培养出了第43届世界技能大赛汽车喷漆项目冠军等多名优秀人才。本书的主审张小鹏老师多次担任汽车运用与维修(中职组)赛项车身涂装项目的裁判长。

限于编者的经历和水平,书中难免有不妥或错误之处,敬请广大读者批评指正,提出修改意见和建议,以便再版修订时改正。

编审委员会
2016年9月

目录

任务一 损伤处理
- 一、任务说明 ……………………… 1
- 二、理论知识 ……………………… 1
- 三、技术标准 ……………………… 2
- 四、所需工具、辅料和设备 ……… 2
- 五、任务实施 ……………………… 3
- 六、任务评价表 …………………… 23

任务二 中涂漆喷涂
- 一、任务说明 ……………………… 25
- 二、理论知识 ……………………… 25
- 三、技术标准 ……………………… 26
- 四、所需工具、辅料和设备 ……… 26
- 五、任务实施 ……………………… 26
- 六、任务评价表 …………………… 39

任务三 中涂漆打磨
- 一、任务说明 ……………………… 40
- 二、理论知识 ……………………… 40
- 三、技术标准 ……………………… 40
- 四、所需工具、辅料和设备 ……… 41
- 五、任务实施 ……………………… 41
- 六、任务评价表 …………………… 48

任务四 水性面漆喷涂
- 一、任务说明 ……………………… 49
- 二、理论知识 ……………………… 49
- 三、技术标准 ……………………… 50
- 四、所需工具、辅料和设备 ……… 50
- 五、任务实施 ……………………… 51
- 六、任务评价表 …………………… 63

任务五 银粉漆调色
- 一、任务说明 ……………………… 64
- 二、理论知识 ……………………… 64
- 三、技术标准 ……………………… 65
- 四、所需工具、辅料和设备 ……… 65
- 五、任务实施 ……………………… 66
- 六、任务评价表 …………………… 79

任务六 湿碰湿喷涂
- 一、任务说明 ……………………… 80
- 二、理论知识 ……………………… 80
- 三、技术标准 ……………………… 81
- 四、所需工具、辅料和设备 ……… 81
- 五、任务实施 ……………………… 82
- 六、任务评价表 …………………… 94

任务七 板块内过渡修补
- 一、任务说明 ……………………… 96
- 二、理论知识 ……………………… 96
- 三、技术标准 ……………………… 97
- 四、所需工具、辅料和设备 ……… 98

五、任务实施 …………………… 99
六、任务评价表 ………………… 124

任务八　图案制作

一、任务说明 …………………… 126
二、理论知识 …………………… 126

三、技术标准 …………………… 126
四、所需工具、辅料和设备 ………… 127
五、任务实施 …………………… 128
六、任务评价表 ………………… 136

附录　精选试题及解析

任务一　损 伤 处 理

一、任务说明

本项工作任务是在40min时间内(含原子灰烘烤时间),对已有涂层(电泳底漆)的雪佛兰赛欧轿车右前翼子板后端上部距离边缘150mm左右的部位人工制作损伤的区域(如图所示)进行底材处理、底漆施工、原子灰刮涂与打磨,以及整板电泳底漆层的研磨等作业,整个工艺施工至中涂漆喷涂前为止,符合损伤处理工艺及质量要求。

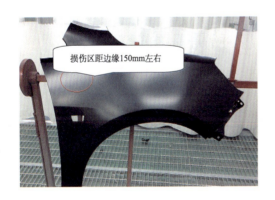

损伤区距边缘150mm左右

二、理论知识

汽车底材主要以钢铁为主,随着现代汽车工业的发展,其他金属材料和非金属材料也越来越多地被使用,如铝及铝镁合金、镀锌及锌合金、镀铬、各种塑料等,不同底材预处理的方法及要求都有自身的特点。

1.底材的预处理

(1)钢铁底材的预处理。

钢铁产生锈蚀的原因是钢铁容易被氧化,车身表面会由于涂层开裂、脱落、碰撞使钢铁暴露在空气中,空气中的水分、氧气、工业污染物等会使钢铁表面产生锈蚀,为增强金属的耐蚀能力,底材用酸性金属处理液进行处理,形成化学处理涂层,如磷化、钝化等,以提高耐蚀能力。

(2)镀锌金属底材的预处理。

为了提升车身耐腐蚀性,镀锌板在车身的使用比率越来越高,对镀锌板预处理提出了越来越高的要求。镀锌板的表面平滑,涂层附着不牢。锌是一个活泼金属,会与涂料的基料反应生成锌皂,锌皂破坏了镀锌板表面与涂层的附着力。为使涂层与镀锌板表面结合牢固,需对镀锌板进行表面预处理,使镀锌板的表面形成一个防止锌与基料反应的保护膜。

(3)铝及铝合金底材的预处理。

铝及铝合金板材比钢铁表面光滑,涂膜附着不牢,在进行化学处理前,与其他金属板材一样,先要进行清洗,去掉油污和杂物。清洗时注意铝制品不像钢材能耐强碱的侵蚀,不能使用强碱的清洗液进行清洗,一般采用有机溶剂脱脂法、表面活性脱脂法,或由磷酸钠、硅酸钠等配制的碱液清洗。

(4)塑料底材的预处理。

塑料底材不会生锈,易于着色,本身就具有耐腐蚀和装饰性,但并不是没有保护的必要。涂层对塑料的附着力较低,涂装前须通过打磨、除静电、除尘、退火、表面脱脂等方法对塑料表面进行处理,以提高涂层对塑料制品的附着力,减少涂装缺陷的产生。

2. 原子灰应具备的功能及特性

汽车修补中使用的原子灰种类很多(聚酯原子灰、硝基原子灰、塑性原子灰、玻璃纤维型原子灰等),要求与底漆、中涂底漆有良好的配套性,不发生咬底、起皱、开裂、脱落等现象,有较强的层间黏合力;具有良好的刮涂性能,垂直面涂装性能良好,无流淌现象,有一定的韧性,附着力好,刮涂时原子灰不反转,薄涂时原子灰层均匀光滑;打磨性良好,原子灰层干燥后软硬适中,易打磨,不粘砂,能适应干磨,打磨后原子灰层边缘平整光滑且无接口痕迹;干燥性能良好,能在规定时间内干燥、打磨;形成的原子灰层要有一定韧性和硬度,以防汽车行驶中的振动引起原子灰开裂,轻微碰撞引起低凹或划痕;具有良好的耐溶剂和耐潮湿性,否则会引起涂层起泡。

三、技术标准

1. 作业要求

在40min时间内完成以下工作:
(1)对工件表面进行清洁。
(2)根据损伤的部位、大小等情况清除旧漆并研磨羽状边。
(3)对裸露金属(除旧漆)的区域施涂环氧底漆。
(4)对损伤区域进行原子灰施工(刮涂、干燥与打磨)。

(5)研磨整块板件上的电泳底漆层。

2. 考核要点

(1)个人防护用品穿戴规范,安全操作。
(2)打磨工具操作规范。
(3)砂纸、菜瓜布选用合理。
(4)羽状边研磨平顺、光滑,无台阶。
(5)环氧底漆的施涂方法、范围及厚度正确。
(6)原子灰的调配比例正确,调和均匀。
(7)原子灰刮涂范围不超出打磨区域,边缘平顺,无硬边。
(8)原子灰打磨后表面平整,无划痕、砂眼、针孔等缺陷,并使损伤区域恢复原有形状。
(9)所有待喷中涂漆区域需妥善研磨,无研磨不足、磨穿等情况;第一折边外侧有打磨痕迹即可。
(10)操作完毕后,清洁工位,工具设备复位,废物统一放置在规定的废弃物容器内。砂纸、菜瓜布等可继续使用耗材放置于指定回收处。

四、所需工具、辅料和设备

翼子板

打磨架

吹尘枪

清洁布

油性除油剂

干磨系统

打磨指示剂

防护用品

5号打磨机

3号打磨机

手刨板

打磨软垫

圆形砂纸

方形砂纸

红色菜瓜布

刮涂工具

原子灰

环氧底漆

五、任务实施

第一步 实施前准备工作

1 试用设备。

操作提示

连接、试用干磨设备、烤灯等,确定其工作状态是否良好。

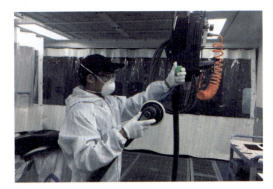

2 查看耗材。

操作提示

查看砂纸、原子灰、除油剂等是否齐全。

3 检查工件。

操作提示

仔细检查损伤区以外的部位有无划痕、凹坑等缺陷存在。

经验总结

上述检查必须认真仔细,发现问题及时与相关人员沟通。如工件损伤区以外的部位有缺陷存在,需要与相关人员确定应如何进行下一步操作,划痕是否需要打磨清除;凹坑是否需要填补原子灰等。

第二步 损伤评估

1 表面清洁。

操作提示

灰尘、颗粒等赃物如果留在工件上会导致尘点等弊病,较大的颗粒物在研磨时还有可能划伤漆面,造成较深的划痕,给施工带来不必要的麻烦。另外,车辆所用油漆对油污、水分、汗渍等敏感,这些污物的残留会导致涂层产生缺陷。如油污会使涂层产生"鱼眼",水分会使涂层起泡等。

(1)正确穿戴安全防护用品。

操作提示

涂装施工操作中,安全生产和个人保护是防止火灾、伤亡事故、职业病、保障操作人员身体健康的一项重要措施。由于涂料及稀释剂都是易燃品,都容易挥发并且有一定毒性,施工过程中还会产生大量的飞漆和粉尘,若不严格遵守安全操作规程和安全施工方法,极易发生生产事故,所以在施工之前必须正确穿戴安全防护用品。

涂装安全防护用品主要有工作服、安全鞋、护目镜、防尘口罩、防毒面具(使用前要检查滤毒盒和滤棉的有效期,如失效应该及时更换)、棉纱手套、耐溶剂手套、耳塞等。

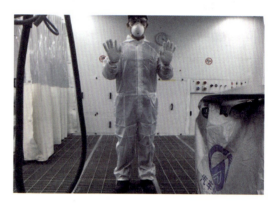

经验总结

操作人员在进入涂装车间后,首先应该穿戴好工作服、安全鞋、护目镜(这3个防护用品在任何涂装工序中都必须穿戴);有粉尘产生的工序中需要戴防尘口罩(注意按压防尘口罩上的金属薄片,防止灰尘进入鼻腔)、棉纱手套。

(2)用吹尘枪吹尘。

任务一 损伤处理

实用技巧

除尘时可单独使用吹尘枪对翼子板进行除尘处理;也可用清洁布配合吹尘枪,一边吹一边抹,将灰尘清理干净。若工件表面灰尘过多时,直接使用吹尘枪吹尘容易污染环境,可先用清洁布进行擦拭,去除大量灰尘后再进行吹尘处理。

(3)更换防毒面具、耐溶剂手套。

操作提示

对板件进行除尘后,将进行清洁除油操作,除油过程中会接触到有机挥发物(VOC),VOC能通过呼吸道、皮肤等途径进入人体,伤害肾脏、肝脏以及神经系统等,长时间接触VOC有致癌危险。防毒面具、耐溶剂手套可以有效地降低VOC对人体的伤害。

要点说明

防毒面具中滤毒盒使用周期(连续喷涂油漆的时间)为48h左右。在戴防毒面具时首先应该检查滤毒盒是否需要更换(如果不清楚更换时间,戴上防毒面具后能够闻到有机溶剂味道时必须更换);同时观察滤棉的颜色,如果颜色明显变深,需要更换滤棉;戴好后还需要检查防毒面具的密封性是否完好(用手捂住两侧滤毒盒,如果不能吸气,说明防毒面具的密封性良好;如果可以正常吸气,说明密封性差,需要更换气阀或整个面具)。

(4)采用油性除油剂P850-14/1402进行除油处理。

除油剂特点如下表。

除油剂	适用环境	挥发速度
P850-14	低气温或板块修补	快
P850-1402	高气温	慢

延伸拓展

常用的除油方法有以下两种。

方法一:利用耐溶剂的喷壶将除油剂均匀地洒满工件表面,使油污溶解,并在除油剂未自行挥发干燥前用清洁布将其擦干。

方法一

方法二:采用两块清洁布,一块清洁布用除油剂润湿后,在工件上擦拭一道,另一块清洁布将留在工件上的除油剂擦干,以此方法完成整个工件的除油处理。

方法二

操作提示

喷洒或擦拭除油剂的目的,是使工件表面的油污被除油剂溶解并浮于工件表面,使其容易被擦拭去除。除油剂过少或挥发过快就起不到溶解油污的作用;除油剂使用过多则造成浪费,增加成本。

经验总结

擦拭时应先大面、后边缘、角落,注意不得来回擦拭,避免造成二次污染;每次除油的面积与除油剂的挥发速度、环境温度有关,以擦拭前除油剂没有自行挥发干燥为准。

两种除油方法都需强化练习,以适应不同的工作场合。

2 损伤评估。

(1)检查损伤部位。

操作提示

检查板件,确定板件的损伤位置及损伤程度。

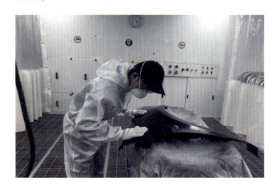

实用技巧

使用目测、手触、尺量三种方法评估损伤区域,从而确定损伤范围和程度。

目测法是指在光线充足的条件下迎光观察板件,通过倒影或反光情况来确认损伤的面积和深度的方法。

手触法是指将整个手掌贴于工件,从不同的方向轻轻触摸整个损伤区域,以触感来确认损伤的面积和深度的方法。戴棉纱手套触感更明显。

尺量法是指将卡尺贴于损伤区域,通过观察卡尺与板件的间隙来确认损伤的面积和深度的方法。操作时应使用专用(符合板件外形)的卡尺进行测量,否则测量误差大,导致评估失误。

(2)标记损伤区域。

操作提示

在确定损伤区域后,可用记号笔标记其范围大小,作为下道工序的参考,以免除旧漆的面积过大或过小。

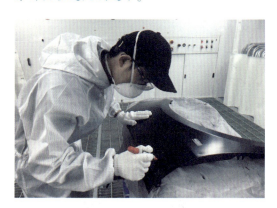

第三步 研磨羽状边

1 清除损伤区的旧涂层。

操作提示

损伤区域内的旧涂层因受外力的冲击,容易出现开裂等缺陷,同时其附着力下降,若清除不彻底会影响后续施工的涂膜质量。

(1)更换防尘口罩、棉纱手套。

操作提示

清除旧涂层为打磨操作,主要存在危害源:粉尘颗粒及噪声等,故需要更换防尘口罩、棉纱手套,戴耳塞。

（2）选用5号或7号打磨机。

操作提示

清除旧涂层时，需要选用切削力较大的双作用偏心距为5mm或7mm的打磨机，以提高工作效率。

延伸拓展

打磨机是干磨设备的重要组成部分，是研磨旧涂层、原子灰等工作的主要工具。根据运动方式不同，打磨机可分为单作用式、双作用式和轨道式三种类型。不同的运动方式其用途也不同，研磨效果也不一样。

单作用打磨机的运动轨迹是单向旋转（如图所示），其切削力强，效率高，打磨时容易留下较重的打磨痕迹，多用于钣金作业中。使用时应与工件表面形成15°～30°的角度。涂装作业中的抛光机也属于这一类。

单作用打磨机

双作用打磨机的运动轨迹是旋转运动及偏心振动（如图所示），常用的偏心幅度大小有7mm、5mm、3mm。不同偏心的打磨机其适用范围也不同，一般偏心越大，振动幅度越大，切削力越强，研磨效率越高，研磨出的痕迹越粗糙；反之，偏心越小，振动幅度越小，研磨出的痕迹越细腻。在使用时应将研磨机先放在工件表面上，再开动机器，在打磨时应尽可能地平放。

双作用打磨机

轨道式打磨机的运行轨迹是前后左右振动（如图所示），常见的振动幅度有4mm、5mm两种，多用于大面积原子灰粗、中级研磨，不适合中涂漆的细研磨。在研磨原子灰时应平放在原子灰表面，移动时也要保证平行移动，这样才能保证研磨出来的原子灰表面平整。

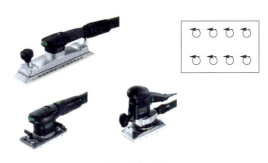

轨道式打磨机

（3）选择 P80 砂纸。

操作提示

为确保施工效率及质量,应根据工件表面原涂层的厚度及工件的材质来选择合适型号的砂纸进行旧涂层的清除工作。

① 根据原涂层的厚度选用砂纸:如工件表面只有电泳底漆时可使用 P120 砂纸;工件表面为完整的原厂漆层时可使用 P80 砂纸;工件表面经过喷漆修补时可使用 P60 砂纸。

② 根据工件的材质选用砂纸:若工件材质为镀锌钢板可选用 P80 砂纸;工件材质为铝及铝合金板应选用 P120 砂纸;工件材质为塑料、玻璃钢则应选用不粗于 P150 干磨砂纸,否则产生的砂痕印很难消除。

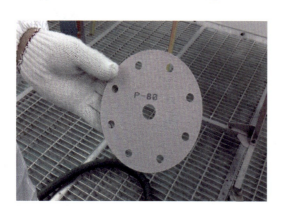

经验总结

本次施工工件为钢质底材,表面只有电泳底漆,此时可选用 P80 或 P120 砂纸进行清除旧涂层作业。

延伸拓展

砂纸的组成及选用原则。

① 砂纸的组成。砂纸通常由磨料、底胶、面胶、背材等组成(如图所示)。

a. 磨料:分为天然与合成(人造)磨料,提供硬度、尖锐性和韧性。

b. 底胶:磨料与背材的黏结。

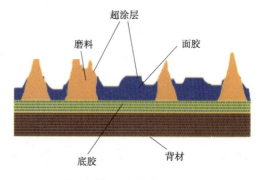

c. 面胶:磨料间的黏结。

d. 背材:研磨材料(砂粒)的承载体,通常有纸、布、纤维、薄膜、复合体。

e. 超涂层:在研磨介质表面的一种特殊涂层,按作用来分,有防堵塞涂层和冷切削涂层等,这是高等级干磨砂纸特有的一种技术。

② 砂纸的选用原则。在研磨时要根据不同的研磨工序选择合适的砂纸,砂纸的选择原则如下:

a. 根据打磨规则从粗到细,以相差不超过 100 号的砂纸循序渐进。

b. 根据涂料的填充力选择砂纸,应保证砂纸痕可以被该涂料填充或遮盖。

c. 中涂漆预处理的砂纸选择一般为 P80~P320,面漆前处理的砂纸选择一般为 P400~P600,面漆缺陷处理的砂纸一般为 P800~P3000。

不同的研磨工序选用打磨工具及配套砂纸可参考下表。

干磨工序 干磨工具	清除旧涂层	研磨羽状边	研磨小面积原子灰	研磨大面积原子灰	研磨中涂漆
7号、5号干磨机	P80	P120	P80 P120 P180	—	—
3号干磨机	—	—	—	—	P320 P400 P500

续上表

干磨工序 干磨工具	清除旧涂层	研磨羽状边	研磨小面积原子灰	研磨大面积原子灰	研磨中涂漆
手刨	—	—	P80 P120 P180	P80 P120 P180	—
轨迹式	—	—	—	P80 P120 P180	—

(4) 将 P80 砂纸粘在 5 号打磨机上。

操作提示

砂纸的孔洞要与打磨机的孔洞对齐,以免影响打磨吸尘效果。

(5) 将打磨机连接到干磨设备。

操作提示

按照顺时针方向旋转打磨机,至接口完全接好为止。

(6) 调整打磨机转速。

操作提示

按动开关,用左手调节转速控制调节旋钮,将转速调节到适合打磨的转速。打磨机的转速太快,容易产生过度打磨;转速太慢,则影响打磨效率。

(7) 拉开吸尘开关。

操作提示

将打磨机启动模式开关调至"AUTO"挡(自动吸尘挡位),然后拉开吸尘开关即可。如果不拉开吸尘开关,按动打磨机开关后,打磨机只能打磨,无法吸尘。

(8) 用打磨机清除旧涂层。

操作提示

先将打磨机放置在板件的损伤部位,再

启动打磨机。使用打磨机清除旧涂层时,应根据工件的形状和损伤的面积适当调整打磨机与工件之间的夹角,确保旧涂层清除的范围不小于损伤区域即可。

经验总结

打磨时,打磨机与板件的角度控制在 5°~10°,不要用力压打磨机。如果将已经转动的打磨机放置到板件上,会很难控制,容易打磨到没有损伤的部位。

(9) 用 P80 砂纸手工清除凹坑内的旧涂层。

操作提示

凹坑内的旧涂层受到外力的直接冲击,相对损伤区域内其他部位的涂层,其附着力最差,甚至还可能有开裂缺陷,为确保最终的涂层质量,必须将其彻底清除干净。但由于常用的打磨机尺寸较大,无法打磨到凹坑内的旧涂层,此时可换用小尺寸的打磨工具(如带式打磨机)或直接利用手工打磨清除。

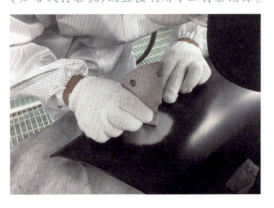

实用技巧

采用手工打磨时,可先用油灰刀铲除部分旧涂层,再将砂纸折叠后进行打磨,此操作可提高效率。注意:用油灰刀铲除旧涂层时用力不得过大,避免划伤工件及周围的涂层。

带式打磨机的打磨接触面小,切削力大,过度打磨会使底材变薄,因此,使用时需确定砂带与工件的接触点是否在需打磨的部位,避免出现过度打磨。

经验总结

在可选择的情况下应选用效率更高的机械打磨。训练时两种方法都要强化练习,以适应不同工具配备的场所要求。

2 研磨羽状边。

(1) 更换 P120 砂纸。

操作提示

在清除旧涂层后,为了便于原子灰的施工,需要研磨羽状边,P120 砂纸用于羽状边研磨。

(2) 研磨羽状边。

操作提示

使用 P120 砂纸对损伤区周围的涂层向四周打磨开,使裸金属与原涂层的结合部形成很大的斜面(即为羽状边),像羽毛的边缘那样极其平顺地过渡,切不可出现台阶,否则在重新喷涂后易出现明显的痕迹。

经验总结

羽状边必须以平滑为原则。沿着裸金属的边缘做"画圆"切削式打磨。研磨时磨头与板件角度控制5°~10°,用力方向为从旧涂层向损伤区域打磨,这种羽状边研磨方式效率高,如图所示。

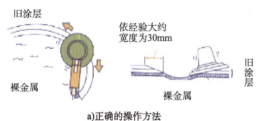

a)正确的操作方法

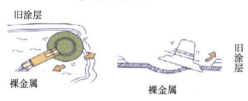

b)错误的操作方法

研磨完成后,以手触方法检查羽状边,确保羽状边符合工艺要求。如果仍有台阶存在,则需要继续研磨。

羽状边的形状要规则(以圆或者椭圆为基准,切不可将边缘磨成锯齿状),便于原子灰施工;对于未曾修补过的涂层,羽状边的宽度研磨至3cm为宜;对于已经修补过多次的涂层,每层至少研磨5mm宽度,如图所示。

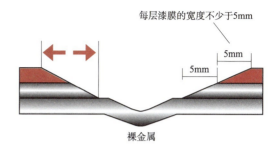

3 研磨羽状边磨毛区。

(1)更换P180砂纸。

操作提示

磨毛区的研磨是在羽状边的外围进行的研磨操作,使用P180砂纸主要是为了增强原子灰和涂层之间的附着力。如果砂纸选择过细,原子灰附着力降低,容易脱落;砂纸过粗,容易导致重新喷涂后产生明显痕迹。

磨毛区范围一般以3~5cm为宜,同时形状要求规则。

(2)研磨羽状边磨毛区。

操作提示

打磨机放置在羽状边的外围,启动打磨机,转速调整适中,不要用力下压磨头,沿着羽状边外围研磨出圆形磨毛区。

(3)检查磨毛区,对研磨不足的区域用红色菜瓜布研磨。

操作提示

研磨结束后仔细检查磨毛区的研磨情况,对未研磨彻底(有亮点、橘皮)的部位用红色菜瓜布等再次研磨,直至整个磨毛区的涂层表面无亮点、橘皮为止,同时应避免磨穿。如果已磨至哑光,可取消此步骤。

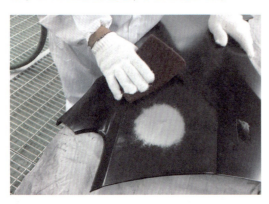

(4)羽状边磨毛区研磨后效果。

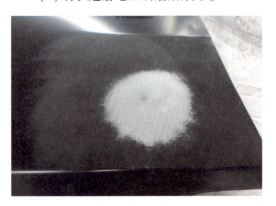

4 表面清洁除油。

(1)吹尘。

操作提示

先用清洁布去除研磨粉尘后再用吹尘枪吹尘。

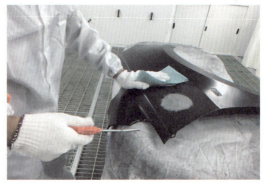

(2)更换防毒面具、耐溶剂手套。

(3)对板件进行除油。

操作提示

本次除油只对需施涂环氧和原子灰的区域进行清洁即可,其余部位可不做除油。

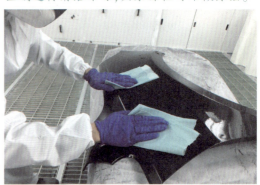

第四步 对裸露金属的部位施涂环氧底漆

1 调配环氧底漆。

操作提示

在裸金属表面施涂 P565-895 环氧底漆可提高金属的防腐能力,同时为原子灰、中涂漆提供更好地附着力。该环氧底漆干燥迅速,喷涂 1～2 道单层可达 15～20μm 膜厚。

P565-895 超快无铬环氧底漆调配比例见下表。

环氧底漆	固化剂	稀释剂
P565-895	P210-938/939/8430/842	P850-2K
4 份	1 份	1 份

2 用清洁布蘸取环氧底漆。

实用技巧

对于表面需要刮涂原子灰填平的裸金属部位可采用刷涂或蘸涂的方法进行施工,这样可省去清洗喷枪的工作环节,更节省时间、节省材料。

3 在裸金属部位薄涂一层环氧底漆。

操作提示

环氧底漆只需涂抹在裸金属表面即可,同时注意不要涂抹得过厚,否则其干燥时间变长,会影响施工进度。涂抹后可用红外线烤灯对其适当加热,以加快干燥速度。

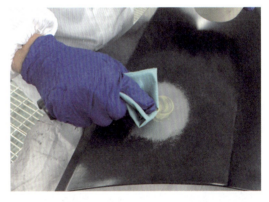

经验总结

刮涂原子灰前需确保环氧底漆已干燥,否则容易被原子灰带起。

第五步 原子灰的施工

1 取原子灰。

(1)观察原子灰施工范围。

操作提示

在原子灰施工之前,应再次确认原子灰施工范围,从而能确定原子灰的用量。

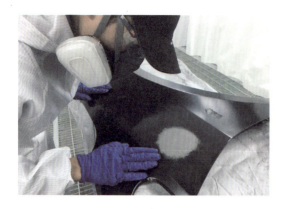

经验总结

用触摸的方法确定范围大小,以取合适的原子灰量做准备,避免浪费。

(2)打开原子灰罐盖。

操作提示

罐装的原子灰密封性较好,需要使用专用工具打开原子灰罐盖,不允许用油灰刀撬,以免油灰刀变形。

经验总结

搅拌时应检查油灰刀是否清洁;搅拌后应尽量使原子灰表面光滑,以降低溶剂挥发的速度。

(4)取原子灰至调灰板。

操作提示

根据板件的损伤情况,取适量的原子灰。

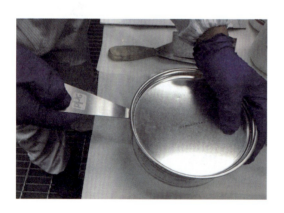

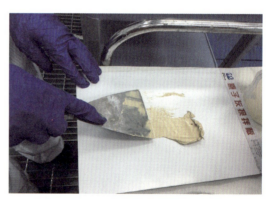

(3)搅拌原子灰。

操作提示

原子灰中的填料易沉降,如果不将原子灰中填料、树脂和溶剂均匀混合,会影响原子灰的品质,造成表层原子灰过稀,填充性差;底层原子灰过稠,无法使用,浪费过大。

经验总结

原子灰为浆状物,为了使原子灰和固化剂能够混合得更均匀,应取原子灰至调灰板上进行混合。

2 调配原子灰。

(1)均匀搅拌固化剂。

操作提示

久置的固化剂中的主剂与助剂会出现分离情况,在使用之前应该让其均匀混合,否则将会影响原子灰的固化效果。

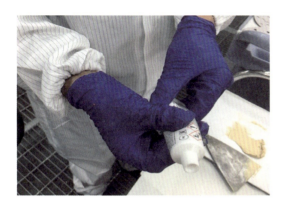

实用技巧

以搓、捏的方式进行挤压固化剂,使得固化剂中的主剂与助剂混合均匀。

(2)取固化剂至调灰板。

操作提示

根据原子灰的用量、环境温度取适量的固化剂。具体用量请参考下表。

P551-1050 原子灰
P551-1052 万能原子灰(合金原子灰)

产品特性	填补金属表面凹坑		
底材	原子灰可以用在原厂漆、钢材、玻璃钢及完全固化的双组分油漆上。 注:P551-1052 可用在铝材,镀锌板上		
比例	原子灰(g)	固化剂(%)	车间温度(℃)
	100	3	5~10
	100	2	10~20
	100	1	超过20

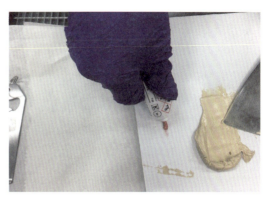

经验总结

若直接将固化剂挤在原子灰上,会造成原子灰局部固化过快,影响施工。操作时,应将固化剂挤在调灰板上(原子灰附近即可)。原子灰和固化剂的质量比为100∶1~100∶3。初次使用可采用电子秤进行称量掌握比例,以便更快更准确地添加固化剂。

(3)将原子灰和固化剂混合。

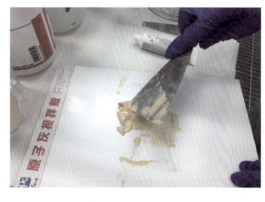

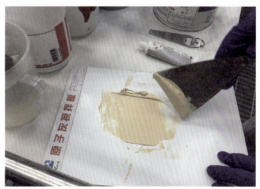

实用技巧

用油灰刀铲起固化剂,与原子灰充分搅拌;使用油灰刀反复铲起下压原子灰,混合至颜色均匀,不再看到红色固化剂。

要点说明

如果混合不均匀,重新喷涂后会产生渗色;同时会引起局部原子灰固化不完全,造成原子灰开裂、脱落。

(4)铲起原子灰。

操作提示

用刮刀将原子灰集中到油灰刀,做好刮涂原子灰准备。

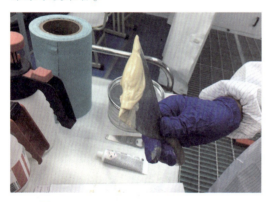

3 刮涂原子灰。

(1)选用合适的刮刀。

操作提示

拿取刮刀后,先检查刀口是否平整,刮刀刀口平整度决定了刮涂的效果。

经验总结

如果刮刀刀口不平整或有毛刺时,可用P180～P240砂纸打磨刀口,直至平整。

若底材为铝及铝合金时,应选用塑料刮刀。

(2)刮涂原子灰。

操作提示

原子灰起填补凹陷的作用,在刮涂中要填补凹陷部位,边缘要尽可能刮涂平顺,同时在板件上其他部位不要沾上原子灰,保持板件的清洁。刮涂原子灰通常分为压灰、填灰、收灰三个步骤。

①压灰。

操作提示

压灰要求刮刀与板件呈75°左右的夹角,用力薄刮填住凹坑,以增强附着力。

②填灰。

操作提示

填灰时角度(起刀部位45°,中间部位30°,收刀部位15°)从大到小;填灰过程要求薄刮多层(刮涂第一层原子灰只求平整,不求光滑,对板件表面较大的凹坑刮涂只要初步整平;刮涂第二层原子灰仍以填平为主,比第一层要薄,局部刮涂时面积应略大于第一层原子灰的面积;刮涂第三层原子灰主要填充前两层原子灰留下的砂孔、砂痕以及遗漏的轻微凹陷),直至填平为止。

(3)刮涂工具清洗。

操作提示

将刮刀和油灰刀置于香蕉水中,用毛刷清洗干净为止,然后用清洁布擦干。刮刀和油灰刀应该及时清洗干净,否则残留在刮刀和油灰刀上的原子灰固化后,很难清洗干净。

原子灰为有机有毒物质,多余的原子灰不能随意丢弃,应及时放入装水的桶中,不能与其他易燃物(如用过的清洁布等)垃圾一起存放,否则会因原子灰固化过程中产生的热量而造成火灾。

经验总结

每一层刮涂层间需要干燥,可以选用红外线烤灯加热干燥。具体刮涂层数以完全填补损伤区域为准,对于凹陷较大,需要多次薄刮;凹陷较小,通常两次刮涂即可填平凹陷。

③收灰。

操作提示

收灰时边缘要求薄且平顺,厚边会增加原子灰打磨的难度,打磨时很容易造成边缘有明显的接口痕迹。

(4)烘烤原子灰。

操作提示

原子灰刮涂后可以用烤灯进行强制干燥,红外线烤灯为短波,穿透力强,干燥效果好。

经验总结

烤灯距离板件保持80cm左右;烘烤5~10min(烤灯温度设定为50℃,温度过低,干燥时间延长;温度过高,原子灰和固化剂干燥过快,导致原子灰过度收缩,易产生脱落或开裂)。

4 打磨原子灰。

(1)检查原子灰是否干燥。

操作提示

在打磨原子灰之前要确定原子灰是否完全干燥,没有完全干燥的原子灰会粘砂纸,造成砂纸用量过大,不能进行打磨。

实用技巧

用手指在原子灰边缘检查是否粘手,不粘手即可;也可用砂纸在原子灰表面轻轻划一道,不粘砂纸且打磨处发白,说明原子灰完全干燥,可以进行打磨操作。

(2)更换防尘口罩、棉纱手套。

操作提示

打磨原子灰过程中主要产生粉尘颗粒物,操作人员应更换防尘口罩、棉纱手套。

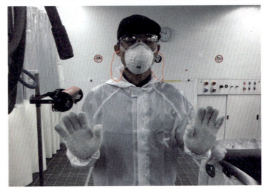

(3)施涂打磨指示剂。

操作提示

打磨时为了更好地判断打磨的程度,应在原子灰部位涂上打磨指示剂。打磨指示剂即在需要打磨的涂层上薄薄喷涂或擦涂一层其他颜色的颜色层,意在使打磨时打磨到的区域与未打磨到的区域在颜色上有一定的差异,以有利于观察打磨的程度,指示层被磨掉的地方即为高点,而未被磨掉的部位即为低点。

任务一 损伤处理

经验总结

挤压打磨指示剂盒,将指示剂涂抹均匀(原子灰表面有一层黑色即可,无需过深),指示剂用量不宜太多,否则会造成指示剂和砂纸一定程度的浪费。

(4)选用合适大小的手刨板。

操作提示

手刨板、双作用打磨机、轨道式打磨机都可以用于原子灰的打磨。对于小面积原子灰的打磨,使用大小合适的手刨板更容易控制打磨范围和效果;对于大面积原子灰的打磨可以使用双作用打磨机或轨道式打磨机,以降低劳动强度。

(6)选用P80砂纸粗磨原子灰。

操作提示

使用P80砂纸粗磨原子灰只要求初步整平,不求光滑。打磨时应控制打磨范围,禁止超出原子灰刮涂区域,防止在旧涂层上留下过粗的砂纸痕。若原子灰表面刮涂较平整,此操作可省略。

经验总结

建议选择可以连接吸尘管的手刨板,具体根据场地条件决定。

(5)连接吸尘管。

操作提示

将手刨板的尾孔和集尘管的孔对齐,然后按照顺时针方向拧紧即可。

经验总结

手工打磨时注意沿手刨长度方向,顺板件流线型水平方向做来回往复运动。打磨来回幅度在不超出原子灰刮涂范围的前提下,要尽量长一些,以利于打磨平整,防止打磨过度再造成凹坑。

(7)施涂打磨指示剂。

(8)选用 P120 砂纸打磨原子灰。

操作提示

在粗整平后,应选用 P120 砂纸进行打磨。P120 砂纸可以消除 P80 砂纸留下的粗砂痕,并将原子灰打磨至基本平整,折口线、外形线、弧形面造型恢复原状,注意线条的平直性。打磨时,尽量不超出原子灰刮涂区域。

经验总结

手刨打磨时以板件流线型水平方向为主,垂直方向、斜交叉方向为辅,注意水平方向与垂直方向、斜交叉方向的平整性,动作要平稳。在水平方向打磨时来回幅度要大一些,在打磨中要经常用手触摸打磨后的表面,以判断打磨程度,防止过度打磨。底材边口残余原子灰要用砂纸整平,以防边口成齿形现象。打磨局部刮涂的原子灰层时,要注意打磨面的厚度与旧涂层的平整度,既不能高也不能低,原子灰层的边缘要平顺。

(9)施涂打磨指示剂。

(10)更换 P180 砂纸打磨原子灰。

操作提示

P180 砂纸较细,主要用来消除前面打磨中产生的砂纸痕及细小的缺陷。

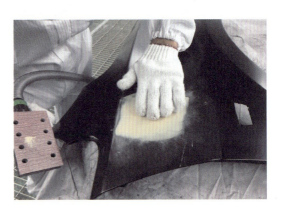

经验总结

原子灰第三道打磨后,应达到平整光滑,无缺陷、无砂孔、边缘无接口,外表形状恢复原样等要求。

此时以手工打磨为宜,有利于对弧形面的修正。以板件流线型水平方向为主,要注意凸出底材的折线、外形线的平直性,一般不要垂直方向或斜方向打磨,若底材因具体情况需垂直方向打磨,最后也要从水平方向打磨修整,防止垂直方向出现过粗的打磨痕迹。对底材的圆弧、凹角等不宜用手刨打磨的地方,可用拇指夹住砂纸,四指平压于底材上,然后均匀地来回摩擦底材做修理打磨。

(11)施涂打磨指示剂。

(12)更换 P240 砂纸精磨原子灰。

操作提示

P240 砂纸较细,用于原子灰表面精细打磨,以消除前面打磨中产生的砂痕印,确保中涂漆施工效果。

经验总结

原子灰的精细打磨可使用 P240 砂纸配合手刨或打磨机进行,打磨范围应不小于磨毛区,以消除整个施工区域中过粗的砂纸印。

若在原子灰打磨过程中,发现凹坑、砂孔,应及时填补。

第六步 旧涂层(电泳底漆)的研磨

操作提示

为确保施工效率及质量,应根据工件表面原涂层的种类来选择合适型号的砂纸进行中涂漆喷涂前的研磨作业。如工件表面只有电泳底漆时可使用 P400 砂纸或红色菜瓜布进行研磨;工件表面为完整的旧涂层时可使用 P240 的砂纸进行打磨。

此工件表面只有一层厚度为 $15\sim20\mu m$ 的电泳底漆,其作用是保护底层的磷化层,同时提高工件的防腐性能。在施工中,为确保中涂漆有良好的附着力,需要对电泳底漆进行适当的研磨。

1 选用 5 号打磨机。

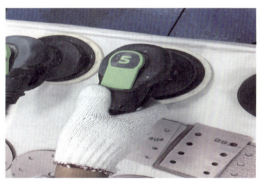

2 将软垫粘在 5 号打磨机上。

操作提示

在研磨电泳底漆层时,为了避免磨穿电泳底漆层,建议配上打磨软垫。

3 选用红色菜瓜布。

操作提示

自粘式菜瓜布可直接贴在研磨盘上使用；普通长方形菜瓜布可裁剪，并配合打磨软垫一起使用。

4 研磨板件表面。

经验总结

研磨时，打磨机与工件之间的夹角不得过大，否则容易磨穿电泳底漆层。边角、筋线等部位的电泳底漆层较薄更容易磨穿。

一旦磨穿电泳底漆层，就必须补喷侵蚀底漆P565-9085以确保防腐性能和附着力，造成成本、时间的浪费。

工件表面的边角、筋线等部位尽量不要用打磨机打磨。

5 手工研磨边角及易磨穿的筋线等区域。

经验总结

研磨结束后仔细检查电泳底漆层的研磨情况，对未研磨彻底(有亮点、橘皮)的部位用红色菜瓜布等再次研磨，直至整个工件的电泳底漆层表面无亮点、橘皮为止。

第七步　表面清洁

1 对板件进行吹尘。

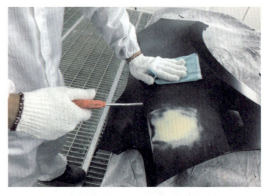

2 更换防毒面具、耐溶剂手套。

3 使用油性除油剂 P850-14/1402 进行除油处理。

第八步 5S 整 理

操作提示

原子灰施工区域不需除油。

操作提示

对工具设备、工具车进行清洁整顿,做好相关的5S工作,复位所有工具、设备。

六、任务评价表

任务评价表(满分100分) 完成时间_____

考核时间	序号	项目	配分	评 价 标 准	得分
40 (min)	4	清洁	5	整个操作过程中有一次漏做扣4分	
				清洁除油方法不当每次扣1分	
		底材处理	20	打磨头选用错误扣2分	
				砂纸、菜瓜布选用错误(例如使用灰色菜瓜布),扣2分	
				打磨时磨头使用不当每发现一次扣1分	
				损伤区域内的旧涂层没有完全清除,扣2分	
				裸露金属部位未补涂环氧底漆扣10分	
		原子灰调配	15	添加固化剂比例不当扣5分	
				原子灰拌和不匀起花扣5分	
				调配前未搅拌原子灰或固化剂,每项扣2分	
		原子灰刮涂	25	刮涂超出羽状边范围扣4分	
				刮涂周边有多余子灰扣3分	
				刮涂区边口过厚扣2分	
				刮涂后原子灰剩余量大于使用量50%,每次扣3分	

续上表

考核时间	序号	项目	配分	评 价 标 准	得分
40 (min)	5	原子灰打磨	25	打磨前未使用指示层扣5分	
				打磨后平整度差，轻微的扣1~10分，严重的扣10~20分	
				原子灰边口不平顺，轻微的扣1~10分，严重的扣10~20分	
	6	安全防护	5	整个操作过程中有一项防护用品穿戴错误或未穿戴，不得分	
	7	5S	5	中间过程中，出现不必要的吹尘，导致灰尘污染，每次扣1分	
				整体操作完毕，打磨机没有清洁去除灰尘扣1分	
				污染打磨机、手刨、红外线烤灯等，每污染一种扣1分	
				砂纸、菜瓜布等可继续使用耗材未放置于指定回收处位置扣1分	
分数合计			100	总得分	

注：此任务评价表仅作为任务实施自查评价参考用，非比赛评分技术文件。

任务二　中涂漆喷涂

一、任务说明

本项工作任务是在30min（含中涂漆的闪干时间）时间内，对已完成预处理作业的雪佛兰赛欧轿车右前翼子板（如图所示）喷涂中涂漆（包括：对裸露金属的区域喷涂侵蚀底漆；根据面漆颜色选择合适灰度的中涂漆），符合中涂漆喷涂的工艺流程及质量要求。

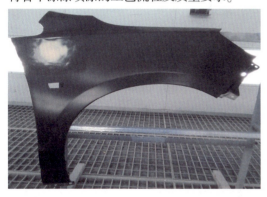

二、理论知识

中涂漆层是指介于底涂层和面涂层之间的涂层，起着承上启下的重要作用，是提高涂层表面质量的重要工序，是中、高档轿车涂装过程中不可缺少的环节。

1. 中涂漆的功能

中涂漆层在涂层组合中是在面漆层之下的涂层，主要起增强涂层间附着力的作用，加强底涂层的封闭性和填允细微痕迹的作用，因此，中涂漆层要有一定的附着力、耐溶剂性和填充性，以保证为面涂层提供一个完美的施工表面，并突出面漆的装饰性。作为面涂层与底涂层、原子灰层、旧涂层之间的媒介层，中涂漆层还应具有对底涂层、原子灰层、旧涂层、面涂层的良好配套性。

2. 中涂漆的特性

中涂漆为了能起到上述的作用，应该具备下列特性：

（1）中涂漆必须具备良好的弹性和韧性，具备良好的抗石击性。

（2）中涂漆必须具备足够的填充性，能消除底涂层表面的划痕、微小孔洞、打磨痕迹和砂眼等缺陷。

（3）中涂漆必须具备良好的打磨性能，不粘砂纸，在打磨后可以得到平整、光滑的表面。

（4）中涂漆应与底涂层、面涂层有良好的施工配套性，涂层间的结合力强，硬度适中，不被面涂层的溶剂所"咬起"。

（5）中涂漆必须具备良好的隔离性能，防止底涂层、原子灰层、旧涂层不良物质向面涂层渗出而污染漆膜表面，破坏面涂层的装饰性。

（6）中涂漆能给面涂层一个吸附性一致的涂面，可以提高面涂层的光泽度，提高面涂层的美观和装饰性。

(7)中涂漆具有良好的施工性能,如温度适应性、干燥迅速、施工容易等。

三、技术标准

1. 作业要求

在30min时间内完成以下工作:
(1)对板件进行喷涂前清洁作业。
(2)对裸露金属的区域喷涂侵蚀底漆。
(3)根据面漆颜色选择合适灰度的中涂漆。
(4)整板喷涂中涂漆。

2. 考核要点

(1)个人防护用品穿戴规范,安全操作。
(2)正确使用粘尘布除尘。
(3)正确使用侵蚀底漆喷涂裸露金属区域。
(4)中涂漆喷涂工艺正确。
(5)喷枪选用及调节正确。
(6)中涂漆喷涂膜厚均匀,无漏底、流挂、粗糙等缺陷。
(7)操作完毕后,工具设备清洁、复位,废弃物分类丢弃于规定的废弃物容器内。砂纸、菜瓜布等可继续使用耗材放置于指定回收处。

四、所需工具、辅料和设备

免洗枪壶

粘尘布

中涂漆

固化剂

稀释剂

侵蚀底漆

红外线烤灯

个人防护用品

喷涂架

清洁布

喷烤漆房

中涂漆喷枪

五、任务实施

第一步 实施前准备工作

1 检查工具和材料是否齐全。

任务二 中涂漆喷涂

操作提示

检查调漆杯、调漆尺、免洗枪壶、清洁布、中涂漆喷枪、喷枪支架等是否齐全。

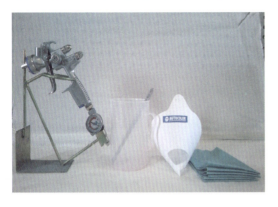

2 将工件放置在喷涂架上。

操作提示

将翼子板固定牢固,以免在喷涂过程中掉落。

经验总结

喷涂架的形式、种类很多,无论何种喷涂架在使用时都应选择最合适的位置放置工件,确保在喷涂过程中,不受喷涂架的影响,防止局部或边角部位喷不到油漆。

3 正确穿戴安全防护用品。

操作提示

调漆过程中会接触到有机挥发物等有害物质,需要穿戴防毒面具、耐溶剂手套等防护用品。

4 调配中涂漆。

(1)根据面漆颜色正确选用合适灰度的中涂漆。

要点说明

每种颜色都有一定的灰度值,当面漆颜色的灰度值和中涂漆颜色的灰度值最接近时,面漆最容易遮盖住中涂漆,这时,面漆的用量最节省,施工时间自然也就最短,所以采用和面漆相同灰度值的中涂漆可以降低成本和提高效率。

目前很多涂料厂商都开发了可调灰度中涂漆,即将若干种中涂漆产品通过一定比例混合后,形成不同灰度的中涂漆。如 **NEXA AUTOCOLOR** 的可调灰度中涂漆产品,产品说明具体见下表。

产品	描述
P565-510	高固含量厚膜中涂漆(灰色)
P565-511	高固含量厚膜中涂漆(白色)
P170-5670	高固含量灰度中涂漆色母(中涂用)

同时,涂料厂商在面漆颜色配方系统中提供该颜色的灰度值,方便用户根据面漆灰度值选择使用合适灰度的可调灰度中涂漆,如下页图所示。

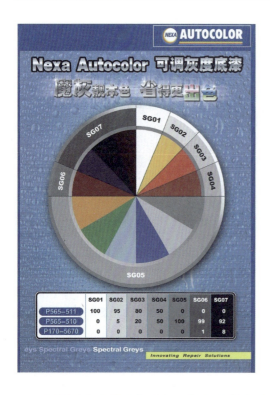

上图中表示面漆灰度和三种产品调配出7种灰度中涂漆的比例,其中SG01~SG07即灰度值。不同涂料品牌灰度值的表示编号不同,但编号中一定含有灰度值数字。比如:面漆为较明亮的黄色系,根据上图应选用SG02灰度的中涂漆,将P565-511与P565-510按照95:5的比例调配即可。

延伸拓展

可调色中涂漆即在中涂漆中加入适量的已调好色的面漆或与面漆颜色相近的面漆色母,来改变中涂漆的颜色,使中涂漆的颜色与面漆基本相同,从而增加面漆的遮盖力。中涂漆中加入颜色的量要根据面漆的遮盖力和底材的颜色不同分别对待。在面漆遮盖力差、底材颜色深的情况下,色母加入量要多,但不要超过产品说明书中规定的添加量;在面漆遮盖力比较好、底材颜色较浅的情况下,色母加入量应适当减少。调好色的中涂漆作为一整份按规定统一添加固化剂和稀释剂。其喷涂的方法基本与普通中涂漆一样。

(2)取适量中涂漆,避免浪费。

操作提示

将中涂漆与固化剂、稀释剂按一定的调配比例(应根据油漆供应商的产品手册)依次往枪壶中添加中涂漆、固化剂和稀释剂,调整好涂料的黏度,使之适合喷涂。调配比例见下表:

中涂漆	固化剂	稀释剂
P565-510/511	P210-8430/844	P850-2K 系列
5份	1份	1份

说明:此调配比例为体积比。

延伸拓展

涂料厂家对固化剂和稀释剂的选用和添加量都有严格要求。选用时需要根据环境温度进行选择,如10℃以下时选用快干型,20℃左右时选用标准型,30℃以上时选用慢干型。稀释剂添加过少,黏度较大,喷涂后涂膜表面会比较粗糙;稀释剂添加过多,黏度小,容易产生流挂。

经验总结

以此次喷涂的翼子板为例,中涂漆用量应控制在250g左右。用量过多,涂层过厚,影响后序操作;用量过少,涂层过薄,则抗石击性能下降。

中涂漆混合后必须在活化时间要求范围内使用,否则会影响施工品质,堵塞喷枪。

(3)将中涂漆充分搅拌均匀。

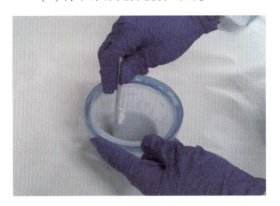

经验总结

中涂漆很容易沉降,在调配后务必充分搅拌均匀,避免喷涂时堵塞喷枪。

(4)用清洁布清洁调漆尺。

操作提示

搅拌结束后,及时将调漆尺用清洁布擦拭干净,以免不慎将其他地方弄脏,浪费时间和材料。

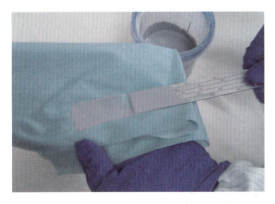

5 安装枪壶。

(1)安装壶盖。

操作提示

安装好免洗枪壶盖后,务必检查是否盖紧,以免漏漆。由于壶盖上有自带的过滤网,所以无需过滤。如果没有过滤网,则需要使用150μm左右网眼的尼龙过滤网过滤。

(2)选用合适的喷枪。

操作提示

合适的喷枪口径对喷涂雾化效果起着重要的作用,中涂漆产品中的填料、颜料的颗粒较大、含量较多,需选用口径为1.6~1.9mm口径的重力式喷枪。

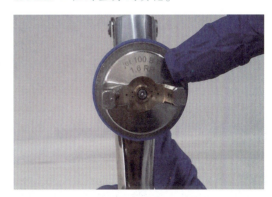

(3)将装有中涂漆的免洗枪壶装在喷枪上。

(4)检查接口处是否漏漆。

操作提示

拧紧后检查四周,确认是否已经牢固、封闭,以防油漆漏出。如果接口处漏漆必须重新安装或更换枪壶,以免喷涂过程中油漆滴到工作表面,造成不必要的麻烦。

6 5S整顿。

操作提示

将使用过的清洁布等垃圾丢入相应垃圾桶内,工位复原。

第二步 喷枪调试

要点说明

在喷漆前,要根据所修补的部位、区域和修补面积的大小,以及所用产品的说明书,调节喷枪的出漆量、空气压力、喷涂扇形,将其调整到最佳状态。

喷枪在使用中产生雾化和蒸发作用,雾化作用是打碎油漆,并以微粒形式喷涂到板件表面;蒸发作用是油漆在被雾化喷涂过程中稀释剂挥发,整个过程均发生在喷枪与喷涂工作之间。所以调整好喷枪在喷涂过程中非常重要。

喷枪调节以SATA jet 100型喷枪为例。

1 连接压缩空气气管。

2 调节出漆量。

(1)调节出漆量。

操作提示

调节涂料流量调节螺母可调节适用不同喷雾形状所需的涂料流量(即出漆量),拧进螺母,出漆量减小;拧出螺母,出漆量增大。

实用技巧

对于整板喷涂中涂漆时,可将出漆量调至 2~2.5 圈即可。

要点说明

在局部修补喷涂的过程中,可以根据具体情况适当地减小出漆量。

(2)锁止出漆量调节螺母。

操作提示

调节好出漆量后需将锁止螺母旋紧,避免在喷涂过程中不小心碰到涂料流量调节螺母而造成出漆量发生变化。

3 调节喷涂扇面。

操作提示

调节喷涂扇面时,将扇面调节螺母旋紧到最小,可使喷涂扇面的直径变小,喷涂到板件上的形状呈圆形;将扇面控制螺母完全打开,可使喷涂扇面变成宽的椭圆形,如图所示。

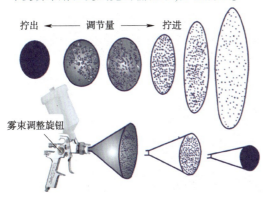

经验总结

整板喷涂时,可将喷涂扇面调整至最大或 3/4 开度。

要点说明

在局部修补喷涂的过程中,可以根据喷涂面积适当调小。

4 调节喷涂气压。

操作提示

须严格按照涂料产品说明书所提供的施工参数调整喷枪的最佳喷涂压力。最佳的喷涂压力是指能使涂料获得最好雾化的最低空气压力。

经验总结

整板喷涂时,调节空气流量调节螺母将气压调整至 200~250kPa。

如果压力过高,会导致过度雾化产生过多的喷雾,增加用料;同时,过度雾化导致涂料在到达喷涂表面之前已有大量的溶剂被挥发掉,而使涂层流动性降低,易产生橘皮等缺陷。如果压力过低,大多数溶剂都保留下来,会使涂层干燥时间延长,易产生流挂、溶剂泡等缺陷。

要点说明

局部修补时可以做适当的调整。

5 试枪,检查喷束状况。

操作提示

当喷涂各参数调整好后,便可进行试枪。通过试枪来观察喷枪调整是否正常及判断涂料的雾化效果是否达到最佳状态,若不正常,需反复调节相应螺母直至达到最佳雾化效果。

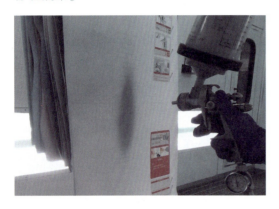

延伸拓展

试枪操作步骤。

(1)将空气帽的"犄角"调整成与地面垂直,按照喷涂要求,喷出水平雾束,直至产生流痕,如下图所示。

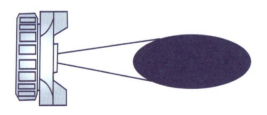

(2)检查涂料分布均匀度,可能会出现以下三种情况:

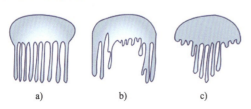

①若如图a)所示,流痕长度接近,说明涂料分布均匀。

②若如图b)所示,涂料分布呈中间少两端多,说明喷束太宽或出漆量太小,可减小扇幅或增大出漆量。

③若如图c)所示,涂料分布呈中间多两边少,说明喷束太窄或出漆量太大,可增大扇幅或减小出漆量。

(3)将空气帽的"犄角"调整成与地面平行,按照喷涂要求,喷出垂直雾束,检查雾化区的雾化效果是否符合工艺要求,如下图所示。

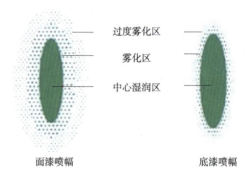

若喷雾效果未达到最佳状态,需继续调节喷涂压力、出漆量、扇面等各参数,再试枪,直至喷涂效果符合工艺要求。

第三步 粘 尘

1 展开粘尘布,重新折叠。

操作提示

粘尘布在使用前,需将其完全展开,然后对折至合适大小的方形,不得有硬边、线头外露等情况,再进行粘尘操作。

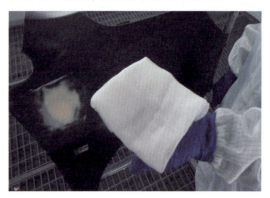

任务二 中涂漆喷涂

2 对翼子板进行粘尘处理。

经验总结

粘尘时应先正面后边角,由上至下依次在工件上粘尘,擦拭力度适当,避免在工件上残留"黏"性物质。

第四步 补喷侵蚀底漆

要点说明

对磨穿至裸露金属的部位补喷侵蚀底漆 P565-9085。

1 检查打磨区域是否裸露金属。

操作提示

在研磨电泳底漆或原子灰的过程中若有磨穿至裸露金属的部位,必须喷涂自喷罐侵蚀底漆 P565-9085,以确保防腐性和附着力;若无磨穿至裸露金属则不需做此步骤。

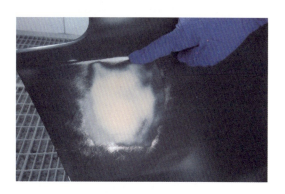

2 摇匀自喷罐侵蚀底漆。

操作提示

使用 P565-9085 自喷罐侵蚀底漆前摇晃漆罐,直到听见罐中钢珠的撞击声。

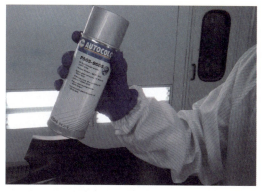

3 对磨穿的裸露金属的部位喷涂侵蚀底漆 P565-9085。

操作提示

喷涂侵蚀底漆时喷嘴应距离工件15cm左右,喷涂1~2个单层,覆盖裸金属即可,闪干后便可喷涂中涂漆。

使用前需先试喷,确保其雾化效果良好;使用后,倒置漆罐喷出喷嘴内残留的油漆,防止堵塞喷嘴。

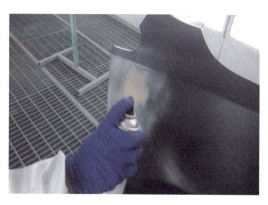

经验总结

由于后序施工的是打磨型中涂漆,轻微

的漆雾对中涂漆施工不会产生任何影响,因此,喷涂时不必遮蔽,以节省时间。

第五步 中涂漆喷涂

1 喷涂原子灰施工部位。

(1)原子灰施工部位喷涂第一道中涂漆层(雾喷层)。

操作提示

在原子灰施工部位雾(薄)喷一道中涂漆,喷涂范围需完全覆盖原子灰区域。

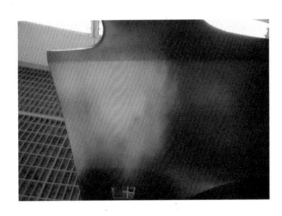

经验总结

雾喷的目的是提高中涂漆与原子灰的附着力,防止产生"鱼眼"等缺陷。同时,通过雾喷可将原子灰与后序中涂漆湿喷层隔离,防止中涂漆被原子灰过多吸收,产生明显的印痕。

实用技巧

雾喷即以较远的枪距、较快的移动速度或较少的重叠扇面进行喷涂,喷涂后面表无湿润感,能透过中涂漆层隐约看到底层。喷涂方法可参考下表。

喷涂距离(cm)	喷涂速度(cm/s)	扇面重叠
20~25	40~50	2/3
15~20	60~80	1/2

(2)原子灰施工部位喷涂第二道中涂漆(中湿层)。

操作提示

第一道雾喷后可不闪干,直接喷涂第二道中湿层,中湿层的喷涂范围应略大于第一道雾喷层的范围。

经验总结

第二道中湿层喷涂的目的是,初步填充原子灰施工区域细微的砂痕、砂眼、针眼等缺陷;同时,使原子灰施工区域的中涂漆厚度略厚于其他部位,因后序研磨中涂漆时,一般需先用手刨研磨原子灰区域,以消除原子灰印痕,若涂层过薄容易被磨穿。

实用技巧

中湿层喷涂后,面表应有湿润感(可通过观察喷烤漆房内照明灯的倒影来判断,看见比较清晰的灯管影子即可),并将底层完全遮蔽,喷涂时应适当运用"挑枪"手法(参见任务七),避免边缘过厚产生台阶。喷涂方法可参考下表。

喷涂距离(cm)	喷涂速度(cm/s)	扇面重叠
20~25	50~60	3/4
15~20	60~70	2/3

2 整板喷涂中涂漆。

(1)整板喷涂第一道中涂漆(雾喷层)。

操作提示

原子灰施工区域可不做此道雾喷层。喷涂前需待上道中涂漆闪干(即待上道原子灰区域的中湿层干燥至哑光状态)。

经验总结

雾喷的目的是提高中涂漆与旧涂层的附着力,同时防止产生鱼眼等缺陷。

(2)整板喷涂第二道中涂漆(中湿层)。

操作提示

雾喷后可不闪干,直接喷涂中湿层(包括原子灰区域)。

经验总结

喷涂后整个工件表面应有湿润感,能看见比较清晰的灯管影子即可。喷涂时,可先喷涂边角,再喷涂正面。

(3)整板喷涂第二道中涂漆(中湿层)后的效果。

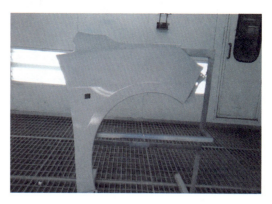

(4)中涂漆层间闪干。

经验总结

通过多角度观察中涂漆表面,待整个表面变哑光(表面的灯管倒影消失)即已闪干。

在闪干过程中同时观察喷涂的效果,是否有流挂、漏喷的地方。如有漏喷,可在下道喷涂过程中进行补救;如有流挂则需干燥后进行打磨消除。

(5)整板喷涂第三道中涂漆(全湿层)。

操作提示

必须等上道中涂漆层彻底闪干(20℃时,闪干约5min)后才可喷涂,否则容易产生针孔、痱子、溶剂泡等缺陷。

喷涂后,膜厚应达到 70 μm 左右,最大不得超过 150 μm,如过厚,将需要更长的干燥时间,降低工作效率。

实用技巧

喷涂后整个工件表面应比上一道中涂漆更湿润,能清晰地看见灯管的影子。注意,不要喷涂过厚产生流挂。喷涂方法可参考下表。

喷涂距离(cm)	喷涂速度(cm/s)	扇面重叠
20~25	40~50	3/4
15~20	50~60	2/3

(6)整板喷涂第三道中涂漆(全湿层)后的效果。

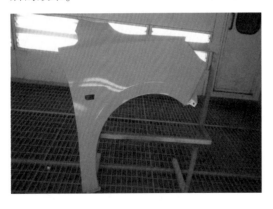

经验总结

研磨型中涂漆施工后,表面越光滑越容易打磨至喷涂面漆的要求;表面越粗糙,则越难打磨。

如果在雾喷过程中发现轻微的缺陷,如轻微的鱼眼,可适当闪干后,仍以雾喷的方式,分2~3次喷涂鱼眼部位,一般情况下鱼眼会消失。若鱼眼严重且分布面积大,则应停止施工,干燥后视具体情况用砂纸打磨或在涂料中按产品使用要求加入一定量的抗鱼眼剂,以改善施工状况。

想要在喷涂中取得好的喷涂效果,应特别注意并做好工件表面的清洁工作。

要点说明

一般情况下,中涂漆可由小到大进行喷涂,即先喷涂原子灰区域,再喷涂整板;但如果气温过高或喷枪状态不良,易产生粗颗粒时,建议采用由大到小的喷涂顺序,即先喷涂整板,再补喷原子灰区域。

延伸拓展

空气喷枪的基本操作要领。

要想喷涂出高质量的涂膜,喷涂操作的熟练情况起着至关重要的作用。

喷涂操作要领有很多,但对于初学者来说,必须熟练掌握空气喷枪的四个最基本的操作要领。

(1)空气喷枪与工件表面的角度。

空气喷枪与被涂工件表面之间的角度应始终保持90°,如下图所示。

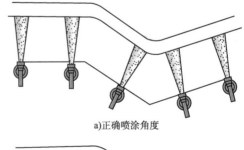

a)正确喷涂角度

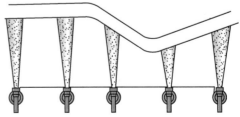

b)错误喷涂角度

（2）空气喷枪与被涂表面的距离。

空气喷枪与被涂工件表面应始终保持一致的距离，不可忽远忽近。但针对不同类型的空气喷枪，其距离也会有差异。比如：传统型喷枪与被涂表面的距离一般为18～25cm，如下图a）所示；HVLP型喷枪与被涂表面的距离一般为13～17cm，如下图b）所示。

a）传统型喷枪

b）HVLP型喷枪

若喷涂距离过短，喷涂气流的速度就较高，从而会使涂膜出现波纹，甚至产生流挂（流痕），如下图所示。

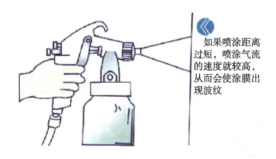

若喷涂距离过长，涂料还未到达工件表面，涂料中的溶剂就挥发过多，导致涂膜出现橘皮或发干现象，并影响颜色效果；喷涂距离过长还会导致涂料的浪费，因为会形成飘散的喷雾，如下图所示。

（3）空气喷枪的移动速度。

移动喷枪的速度应始终保持匀速，一般情况下保持40～90cm/s，具体情况还需根据涂料的施工黏度、喷涂距离、扇幅重叠度、涂层湿度要求等来确定空气喷枪的移动速度，以获得最佳的涂膜质量为准。

若喷枪移动过快，会导致涂层过干，流平性、光泽度等较差；若喷枪移动过慢，会导致出现涂层过厚而发生流挂的现象。因此喷枪移动速度必须适中、稳定。

（4）扇面重叠。

扇面重叠是指前后两次喷幅重叠区域的大小，一般重叠区域的大小为扇面宽度的1/2～3/4并始终保持均匀，具体情况还需根据涂料的喷涂距离、移动速度、涂层湿度要求等来确定扇面重叠度，以获得最佳的涂膜质量为准，如下图所示。

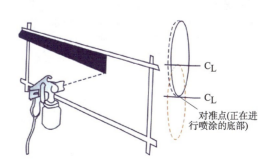

> **经验总结**
>
> 对初学者而言,可以采用喷水来练习并掌握喷涂的基本操作要领,以节约成本,减少VOC排放。

3 中涂漆干燥。

(1) 闪干至哑光。

> **操作提示**
>
> 在烘烤前务必先进行闪干,以防止涂膜产生气泡、痱子等涂膜缺陷。

(2) 烘烤至彻底干燥。

> **操作提示**
>
> 中涂漆的干燥方式有自然干燥和强制干燥。一般情况下,在20℃时,风干的时间为2~3h。为了加快施工进度,可采取强制干燥(小面积区域的干燥可采用短波红外线烤灯;大面积的干燥需使用喷烤漆房),在60℃(工件表面达到的温度)时干燥20min左右即可。

> **经验总结**
>
> 中涂漆层在打磨前必须充分干燥。如果干燥不充分,不仅打磨时涂料会粘砂纸,使打磨作业难以进行,而且喷涂面漆后,还会出现涂膜缺陷。

第六步 5S 整顿

1 整理工位,工具、设备复位。

2 清洗喷枪。

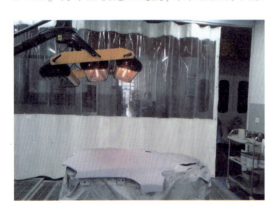

六、任务评价表

任务评价表(满分100分)　　完成时间_____

考核时间	序号	项目	配分	评 价 标 准	得分
30（min）	1	粘尘	6	未正确使用粘尘布（需充分展开再折叠后粘尘）扣6分	
	2	防锈	12	对漏金属区域未使用环氧底漆或侵蚀底漆扣12分	
	3	喷涂过程及效果	70	未合理闪干后喷涂下一层中涂漆（整板表面需哑光）扣5分	
				喷涂过程中打磨或缺陷补喷扣5分	
				未在限量中涂漆内完成喷涂扣10分	
				中涂漆灰度未选择正确扣10分	
				涂膜缺陷（流挂、橘纹重、漏喷、咬底等）：在边角或轮眉位置每5cm长为一处，每处扣2分；其他位置以每5cm×5cm范围为一处，每处扣3分	
	4	安全防护	6	整个操作过程中有一项防护用品穿戴错误或未穿戴，不得分	
	5	5S	6	工具、设备未恢复原状扣3分	
				废弃物未丢弃至指定垃圾桶扣3分	
		分数合计	100	总得分	

注：此任务评价表仅作为任务实施自查评价参考用，非比赛评分技术文件。

任务三　中涂漆打磨

一、任务说明

本项工作任务是在30min时间内,对已喷涂中涂漆的雪佛兰赛欧轿车右前翼子板(如图所示)进行研磨、表面清洁等面漆预处理作业,符合中涂漆研磨的工艺流程及质量要求。

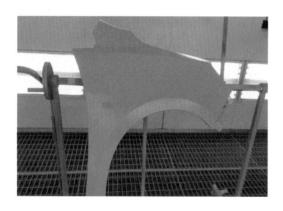

二、理论知识

中涂漆干燥后,表面虽然已经比较光滑平整,但鉴于施工的最终要求,仍需要对中涂漆进行精细研磨,特别是原子灰施工区域和喷涂过程中产生的缺陷,更需要处理妥当。

采用干磨工具、设备对中涂漆打磨时,根据实际情况选择手工打磨或者是机械打磨。对于原子灰的修补部位,通常先使用手刨板配合相应型号的砂纸进行打磨,然后用干磨机进行整板打磨;对于边角、筋线等部位可使用灰色菜瓜布或海绵砂纸进行打磨。

三、技术标准

1. 作业要求

在30min时间内完成以下工作:

(1)对涂有中涂漆的雪佛兰赛欧轿车右前翼子板进行整板研磨。

(2)研磨后对翼子板进行清洁除油。

(3)对裸露金属的区域喷涂侵蚀底漆。

2. 考核要点

(1)个人防护用品穿戴规范,安全操作。

(2)打磨机操作规范。

(3)干磨砂纸选用合理。

(4)打磨后工件表面平滑,打磨彻底,无露底、无橘皮、无磨穿。

(5)面漆喷涂前表面清洁工作规范。

(6)操作完毕后,工位清洁,工具设备复位,废弃物分类丢弃于规定的废弃物容器内。砂纸、菜瓜布等可继续使用耗材放置于指定回收处。

◆ 任务三 中涂漆打磨

四、所需工具、辅料和设备

防护用品

干磨设备

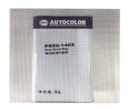

油性除油剂

清洁布

打磨机

吹尘枪

水性清洁剂

手刨板

灰色菜瓜布

五、任务实施

第一步 实施前准备工作

1 试用设备。

圆形干磨砂纸

方形干磨砂纸

2 查看工具、耗材是否齐全。

打磨软垫

打磨指示剂

3 检查中涂漆喷涂情况。

经验总结

检查中涂漆表面是否有针孔、流挂、原子灰印痕、橘皮等缺陷，对可通过研磨消除的缺陷及时进行预判和确定下步操作流程。

实用技巧

如中涂漆表面存在严重橘皮时，可先选用 P400 砂纸配合 3 号打磨机进行研磨，以便快速消除橘皮，然后再更换 P500 砂纸进行精细研磨；原子灰印痕较明显时，可先使用 P320 或 P400（根据原子灰印痕明显程度选用，注意下道砂纸跳号不得超过 100 号）砂纸配合手刨板对印痕处进行研磨，然后再使用 P500 砂纸进行精细研磨。

若中涂漆层有流挂等缺陷时，可参考原子灰印痕的处理方法。

在训练过程中，应根据不同缺陷做针对性的练习，以提高选手的应变能力。

要点说明

处理缺陷时，应根据缺陷的严重程度来选用砂纸，每次更换砂纸不得超过 100 号。本次施工的面漆为银粉漆，故最终研磨使用的砂纸号数不低于 P500，否则面漆喷涂后易产生砂痕；若使用的是素色漆，可适当降低砂纸号数，但不低于 P400。

第二步 研磨中涂漆

1 正确穿戴防护用品。

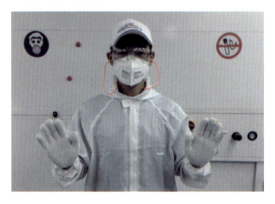

2 施涂打磨指示剂。

操作提示

在中涂漆表面施涂一层薄而均匀的打磨指示层。

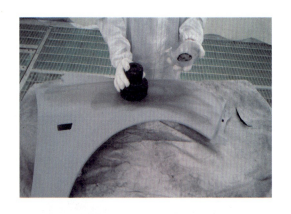

经验总结

中涂漆研磨时指示剂用量不宜过多，过多的指示剂打磨后会残留在中涂漆表面难以清除，如果不清除干净，会影响油漆附着力及产生其他缺陷。

3 对原子灰施工区域或缺陷进行研磨。

(1) 选用合适的砂纸。

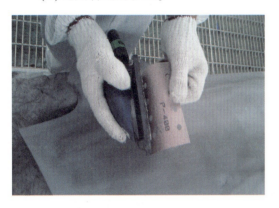

经验总结

根据原子灰印痕的明显程度来选用砂纸。若侧面迎光观察，印痕明显时可先用 P320 砂纸研磨，基本消除灰印后再换用 P400 砂纸；若不明显，可用 P400 砂纸来消除灰印。

注意：P320 砂纸容易磨穿中涂漆，使用时一定要注意研磨的程度，避免出现过度研磨。

(2) 打开吸尘开关。

操作提示

将干磨机起动模式开关调至"MAX"挡。

(3) 研磨原子灰施工区域的中涂漆。

操作提示

研磨的范围要大于原子灰的施工区域。

经验总结

研磨时，在原子灰边缘会出现一圈"黑印"，此"黑印"即为原子灰印痕，研磨后应将其彻底消除，否则喷涂面漆后仍会显现出来。

若研磨至露出原子灰后"黑印"仍然明显，说明原子灰的施工不够"平整"，在下次实训操作前必须提高原子灰的施工质量。

4 对研磨后的原子灰区域再次施涂打磨指示层。

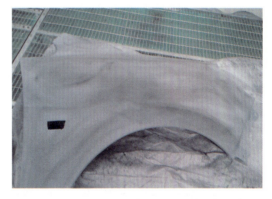

5 选用 3 号打磨机。

操作提示

3 号打磨机的切削力较小，打磨盘材质较软，研磨效果符合面漆预处理的要求。

6 将打磨软垫(保护垫)粘在打磨盘上。

操作提示

使用软质打磨垫能使砂纸更好地贴合在工件表面,增大砂纸与工件的接触面,从而降低磨穿中涂漆的风险。

7 选择合适的干磨砂纸。

操作提示

不同的面漆,对中涂漆打磨时的砂纸要求不同,需根据面漆类型选用合适的砂纸型号,若选用的砂纸过粗,喷涂面漆后容易产生较明显的砂纸痕,造成返工,浪费材料。

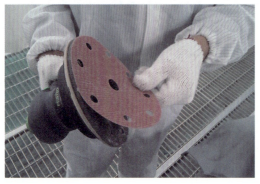

经验总结

打磨中涂漆时需根据面漆情况选用P400~P600干磨砂纸。一般情况下,当面漆为单工序素色漆时采用P400~P500干磨砂纸;当面漆为双/三工序金属漆时采用P500~P600干磨砂纸。若面漆颜色较浅时,可选用较粗的砂纸;颜色较深时,应选用较细的砂纸。

8 将打磨头连接到软管上。

9 调节打磨头转速。

10 打开吸尘开关。

操作提示

将干磨机起动模式开关调至"AUTO"挡。

任务三　中涂漆打磨

11 机械研磨中涂漆。

操作提示

较平整的区域采用机械打磨，研磨前先将打磨机平放在工件上后再起动开关，以适当的速度来回挪动，不宜施加太大的压力，将中涂层上的橘皮磨透，研磨至无"黑点"（炭粉残留）。

经验总结

边角、筋线部位留下一定面积，用灰色菜瓜布手工研磨，以免研磨过度，造成磨穿或筋线形状不一致等缺陷。

若将中涂漆磨穿至裸露金属时，必须在裸金属表面喷涂侵蚀底漆或环氧底漆以提高金属的耐腐性，增加面涂层的附着力，同时可避免因金属和涂层对新喷面漆的吸收性不同而产生的印痕；若将中涂漆磨穿至裸露原子灰，亦可在原子灰表面喷涂侵蚀底漆或环氧底漆，如果时间允许也可补喷中涂漆。

因中涂漆研磨后很难发现筋线形状是否一致，喷涂面漆后发现此类问题，再次训练时须改变对筋线的研磨方法。

12 研磨边角、筋线等部位。

操作提示

用灰色菜瓜布或P600~P800海绵砂纸手工打磨工件边角、筋线等部位。

经验总结

使用灰色菜瓜布研磨时，应尽量增大研磨的接触面，同时注意用力程度。若接触面过小（如单指），用力过大，会产生比较严重的"砂纸痕"，影响面漆最终施工效果。

训练中要多加总结经验，掌握面漆对"砂纸痕"的遮盖能力，对过粗的"砂纸痕"可采用"打圆"的方式轻轻研磨，以使其变细，达到面漆喷涂的要求。

13 检查研磨后的中涂漆。

操作提示

研磨后的中涂漆表面应平整光滑，无磨

45

穿、橘皮、流挂、颗粒、砂眼等缺陷，任何微小的瑕疵都会影响整个面涂层的施工效果。对未处理妥善的部位必须重新研磨。

第三步 表面清洁

1 除尘处理。

操作提示

中涂漆研磨后，工件表面粉尘过多，直接使用吹尘枪吹尘容易污染环境，此时，需先用清洁布进行擦拭，去除大量灰尘后再进行吹尘处理。

2 更换防护用品。

操作提示

吹尘后需进行除油脱脂清洁，需更换防护用品，穿戴好防毒面具、耐溶剂手套。

3 使用水性清洁剂进行清洁处理。

操作提示

若面漆为油性漆，直接使用油性除油剂 P850-14/1402 进行除油脱脂清洁即可；若面漆为水性漆，则需使用水性清洁剂。

要点说明

水性漆是以"水"为稀释剂的环保型油漆，因水的表面张力大，污物易使涂膜产生缩孔。所以喷涂水性漆前必须去除板件上所有水分、灰尘及水溶性杂质，并去除静电。

使用 P980-8252 水性清洁剂的目的是使工件表面的水溶性污染物被水性清洁剂溶解并浮于工件表面，使其容易被擦拭去除。水性清洁剂过少起不到溶解水溶性污染物的作用；过多则不易擦干，造成浪费。

经验总结

用喷壶喷涂或清洁布蘸涂水性清洁

P980-8252，然后用干净的清洁布擦净擦干（具体操作与油性除油剂相似）。但水性清洁剂挥发慢，不易擦干，若有残留让其自然干燥或吹干，在喷涂后可能会产生印痕，从而返工。

延伸拓展

P980-8252水性清洁剂应储存在5℃以上的室温环境中，如果温度低于5℃，会出现结晶乃至冻结现象，影响正常使用。

4 使用油性除油剂进行除油处理。

要点说明

不同品牌的油性漆施工前的除油顺序有差异，具体要求可参见相应的产品使用手册。

第四步 补喷侵蚀底漆

1 对裸露金属的部位补喷侵蚀底漆。

操作提示

对裸露金属的部位补喷侵蚀底漆P565-9085；若无磨穿至裸露金属，则不需做此步骤。

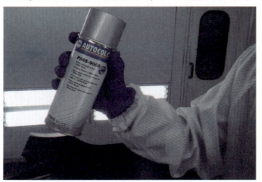

经验总结

由于后序施工的是面漆，漆雾会影响最终的喷涂效果，因此在补喷的过程中，应尽可能地减小漆雾对工件的影响，否则将加大劳动强度，浪费时间。

实用技巧

补喷工件边缘的裸露金属时，为节约时间可不进行遮蔽，喷涂时喷嘴可与工件成40°左右的夹角向外喷射即可减少漆雾对工件的污染；补喷工件中间的裸露金属时，应采用反向遮蔽法遮蔽不必喷涂的区域，以减小漆雾污染的面积。

2 闪干侵蚀底漆。

操作提示

自喷罐侵蚀底漆P565-9085喷涂后涂膜表面应光滑、平整。如果喷涂后漆面出现细小尘点等缺陷，必须待其干燥后用P400或P500砂纸轻轻研磨，直至平整、光滑，否则将严重影响面漆的喷涂质量。

第五步 5S 整理

1 整理打磨设备、工具。

2 将废弃物丢入垃圾筒。

3 整理工作台。

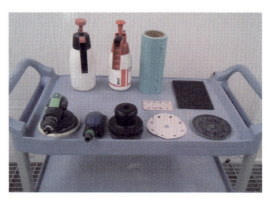

六、任务评价表

任务评价表(满分100分)　　完成时间_____

考核时间	序号	项目	配分	评 价 标 准	得分
30（min）	1	安全防护	5	未按工序规范穿戴工作服(含安全帽、耳塞)扣1分	
				未按工序规范穿安全鞋扣1分	
				未按工序规范戴护目镜扣1分	
				未按工序规范戴口罩扣1分	
				未按工序规范戴手套扣1分	
	2	打磨过程	30	未选用正确的打磨工具扣10分	
				未选用正确的打磨砂纸及材料(灰色菜瓜布)扣10分	
				未采用正确的打磨方法(出现不合理的打磨方法,如打磨机角度过大)扣10分	
	3	打磨效果	45	打磨不彻底:橘皮未磨去每1cm×1cm之内为一处,每处扣1分	
				磨穿至金属:1cm×1cm之内为一处,每处扣1分	
	4	5S	20	工具设备及工位未复位扣10分	
				废弃物未丢弃至指定位置扣10分	
	分数合计		100	总得分	

注:此任务评价表仅作为任务实施自查评价参考用,非比赛评分技术文件。

任务四 水性面漆喷涂

一、任务说明

本项工作任务是在30min（不含面漆烘烤时间）时间内，对已经做好面漆预处理作业的雪佛兰赛欧轿车右前翼子板（如图所示）进行水性底色漆和清漆整板喷涂，符合面漆喷涂的工艺流程及质量要求。

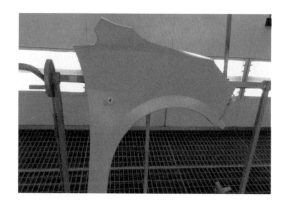

二、理论知识

面漆指涂于工件最外层的涂膜，是涂层组合中唯一可见的部分，起着装饰、标志、保护底材的作用。它直接与各种气候条件及有害物质接触，是阻挡侵蚀的第一层。首先，耐候性是面漆的一项重要指标，要求面漆在极端温变湿变、风雪雨雹的气候条件下不变色、不失光、不起泡和不开裂。其次，外观是面漆的另一项指标，要求涂膜外观丰满、无橘皮、流平好、鲜映性好，从而使汽车车身具有高质量的外观。另外，面漆还应具有足够的硬度、抗石击性、耐化学品性、耐污性和防腐性等性能，使汽车外观在各种条件下保持不变。

面漆的分类方法有很多，按颜色效果可分为纯色漆、金属漆、珍珠漆；按成膜方式可分为溶剂挥发型、氧化型和交联反应型；按施工工序可分为单工序、双工序和三工序等。

1. 水性漆概述

随着环保政策的施压，消费者环保意识的不断提高；尤其全国各地省市出台了VOC排放限量标准，鼓励使用非溶剂型涂料，给水性漆等环保涂料的发展带来了机遇。虽然传统涂料依然占据着较大的市场份额，但是水性漆是绿色产业，是漆类未来发展的方向。

水性汽车漆相比油性汽车漆在应用中可以大幅度减少有机溶剂的排放量，可以减少溶剂用量达2/3之多。此外，水性汽车漆还具有漆面流平好，无波纹感，漆面色彩鲜亮，漆面硬度强，抗刮伤性能优秀，耐候性极佳的优点。因此，水性漆将会越来越广泛地应用到汽车涂装工艺上，并已成为技术发展的趋势。

2. 水性漆特点

（1）以水作溶剂，节省大量资源；消除了施工时火灾危险性；降低了对大气的污染；仅采用少量低毒性醇醚类有机溶剂，改善了作业环境条件。一般的水性涂料有机溶剂（占涂料）为5%～15%，而阴极电泳涂料已降至1.2%以下，对降低污染节省资源效果显著。

（2）水性涂料在湿表面和潮湿环境中可以直接涂覆施工；对材质表面适应性好，涂层附着力强。

（3）涂装工具可用"水"清洗，大大减少清洗溶剂的消耗，并有效减少对施工人员的伤害。

三、技术标准

1. 作业要求

在30min时间内完成以下工作：
（1）对翼子板表面进行粘尘处理。
（2）对翼子板喷涂水性底色漆。
（3）对翼子板喷涂清漆。

2. 考核要点

（1）个人防护用品穿戴规范，安全操作。
（2）喷涂前表面清洁工作规范。
（3）喷枪调节正确，使用规范。
（4）水性漆及清漆喷涂工艺规范。
（5）喷涂后，底色漆不发花，清漆光滑、饱满、纹理均匀，无流挂、失光。
（6）操作完毕后，5S整理（工位清洁，工具设备复位，废物统一放置在规定的废弃物容器内）。砂纸、菜瓜布等可继续使用耗材放置于指定回收处。

四、所需工具、辅料和设备

防护用品

免洗枪壶

水性底色漆

2K极品清漆

水性漆喷枪

清漆喷枪

粘尘布

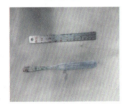
调漆尺

清洁布

吹风筒

电子秤

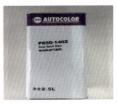
油性除油剂

任务四 水性面漆喷涂

水性清洁剂　　　　水性稀释剂

五、任务实施

第一步　实施前准备工作

1 将板件移至烤房内。

操作提示

板件移动过程中，尽量不要触碰到板件正面，以免二次污染。

2 检查面漆施工材料是否齐全。

3 更换防毒面具、耐溶剂手套。

4 调配底色漆。

（1）安装免洗枪壶内胆。

要点说明

这里使用的 PPG 免洗枪壶，必须装上相配套的内胆，否则油漆将从枪壶下的漏洞中流出，污染整个桌面。

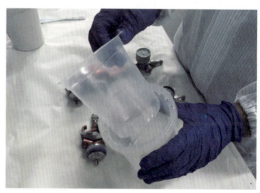

（2）将枪壶放置在电子秤上。

操作提示

电子秤必须水平放置，避免高温、振动。将枪壶轻置于电子秤秤台后，按下归零键。

底色漆类型	色漆用量	稀释剂用量（%）
双工序纯色漆	1	10
三工序珍珠漆的纯色层	1	10
配方中银粉含量较少,远远少于纯色色母用量的	1	10
含大量珍珠色母的双工序底色漆	1	10
双工序银粉/珍珠漆	1	10～15
三工序珍珠漆的珍珠层	1	30

（3）将水性底色漆倒入枪壶。

操作提示

可以根据喷涂的面积来确定色漆用量,以免造成浪费。

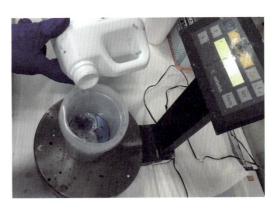

（5）用调漆尺搅拌底色漆。

操作提示

将色母与稀释剂充分搅拌均匀,搅拌时调漆尺可以有意地沿壶壁上刮蹭,使壶壁上的油漆也充分地搅拌均匀。

经验总结

以此次喷涂的翼子板为例,在选用合适灰度的中涂漆的前提下,只需要使用150g左右的水性底色漆便可达到遮盖要求。若用量过多,涂层过厚,不仅会延长闪干时间,甚至会使涂层变粗糙,影响最终效果。

（4）按比例加入稀释剂。

操作提示

水性底色漆有专门配套的稀释剂。稀释剂添加量应按产品使用手册要求,根据环境等因素酌情加入。

任务四 水性面漆喷涂

经验总结

如果水性底色漆搅拌力度过大、速度过快或搅拌时无方向性,容易使其产生气泡,导致喷枪喷涂时出漆不稳定,严重影响喷涂质量。

实用技巧

沿调漆杯的杯壁顺时针方向(或逆时针)轻轻搅拌可减少气泡产生。搅拌时应将调漆杯拿到桌面后再搅拌,不要放置在电子秤上进行搅拌,以免压坏或污染电子秤。

5 清洁调漆尺。

操作提示

搅拌均匀后需立即将调漆尺清洁干净,以便下次使用。

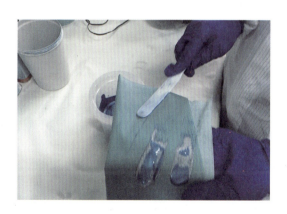

6 枪壶安装。

(1)安装壶盖。

操作提示

由于壶盖上有自带的过滤网,所以无需过滤。如果没有过滤网,则需要使用水性漆专用的125μm网眼尼龙过滤网。如果使用普通过滤网,水性漆会溶解普通过滤网的黏结用胶水,从而会在涂膜上产生缺陷。

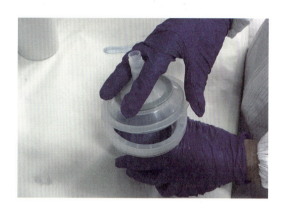

(2)拧紧黑色密封圈。

操作提示

将黑色的密封圈固定好,并拧紧。

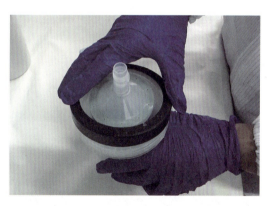

经验总结

拧紧后检查四周,确认是否已经牢固、封闭,以防油漆漏出。如果未拧紧,油漆将从盖缝中流出,造成油漆浪费或污染工件表面。

(3)选用1.25~1.3mm口径的喷枪。

要点说明

面漆喷枪的口径一般为1.25~1.3mm,其特点是雾化精细、雾化区宽大、喷幅分散、喷涂后颜色均匀、饱满。

53

经验总结

不同型号的喷枪喷涂 Aquabase PLUS 水性底色漆时,其喷涂参数的调节有所差异。要想得到良好的喷涂效果,必须选择合适的喷枪,并将喷枪各参数调至正确。

(4)将枪壶安装到喷枪上。

操作提示

左手固定喷壶,右手持喷枪,将螺纹口对准后,往顺时针方向拧紧。

经验总结

以此次喷涂的翼子板为例,只需要使用200g 左右的清漆便可达到良好的光泽及纹理的要求。若用量过多,涂层过厚,不仅会延长闪干时间,甚至产生流挂,还可能在烘烤过程中产生严重的痱子、溶剂泡等缺陷,影响最终效果。

(2)按比例加入固化剂。

操作提示

按照产品手册,根据室温选择对应的固化剂。不同品牌的涂料不可混合使用。具体调配比例见下表(可查阅产品使用手册)。

清漆	固化剂	稀释剂
P190-6850	P210-8430/844	P850-2K
2 份	1 份	0~5%

混合后的黏度在20℃时为DIN4 杯 17~18s,使用寿命为 2~4h。

7 调配清漆。

(1)根据用量调配 P190-6850 清漆。

操作提示

倒入清漆之前要先放置新的内胆。枪壶外壳上有刻度,可以根据喷涂的面积来选择倒入所需清漆量,以免造成浪费。

任务四 水性面漆喷涂

(3)将清漆与固化剂进行搅拌。

操作提示

用调漆棒(比例尺)将清漆与固化剂进行搅拌,使之混合均匀。

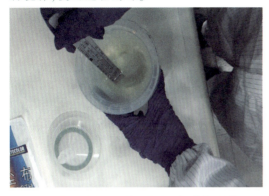

(4)按比例添加稀释剂后再次搅拌混合。

操作提示

根据环境温度选择对应的稀释剂,并根据产品使用说明书的比例,添加适量的稀释剂。选用不当容易产生流挂、橘皮等缺陷。

(5)清洁调漆棒(比例尺)。

(6)安装枪壶。

第二步 粘尘处理

操作提示

用粘尘布去除板件上残留的灰尘,以免影响喷涂质量。

1 拿取粘尘布。

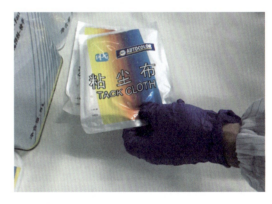

2 展开粘尘布。

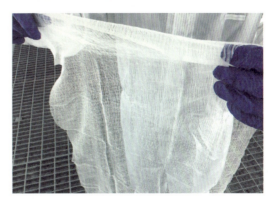

55

3 折叠粘尘布。

操作提示

如果粘尘布太"黏"、有硬边或擦拭太用力,就可能造成"黏"性物残留在工件上,在喷涂水性底色漆后显现出擦拭痕迹,造成返工。

4 对板件进行粘尘。

经验总结

粘尘时应先正面后边角,由上至下依次在工件上粘尘,避免二次污染。同时注意擦拭力度,防止在工件表面残留"黏"性物质。

第三步 水性底色漆施工

要点说明

Aquabase PLUS 水性底色漆常规颜色(遮盖力强)喷涂方法见下表(可查阅产品使用手册)。

喷涂方法		纯底色 (除红/黄)		珍珠或银粉	
喷涂 方式	层数	双层		双层	单层
	方式	半干	半湿	半干	半湿	雾喷
	强制干燥	—	吹干	—	吹干	吹干

半干层:喷涂完毕后,漆面应有略带湿润感,从漆面观察烤房灯光倒影,可看见比较模糊的灯管影子,略有反光即可。

半湿层:喷涂完毕后,漆面应湿润,从漆面观察烤房灯光倒影,可看见比较清晰的灯管影子,有明显反光现象。

雾喷:喷涂完毕后,漆面无湿润感,从漆面观察无法看到灯管影子,无反光现象。

1 喷枪调试(遮盖层喷涂)。

要点说明

在面漆喷涂前,要根据所修补的部位、区域和修补面积的大小,以及所用产品的说明书,调节喷枪的出漆量、空气压力、喷涂扇形,将其调整到最佳状态。

面漆喷枪在使用中产生雾化和挥发作用比底漆(中涂漆)喷枪更明显,其效果直接影响施工质量,所以调整好面漆喷枪更为重要。

不同型号的喷枪喷涂 Aquabase PLUS 水性底色漆时,其喷涂参数的调节有所差异。要想得到良好的喷涂效果,必须选择合适的喷枪,并将喷枪各参数调至正确。为获得更好的雾化、省漆效果,可选用 SATA jet 4000 B HVLP WSB 喷枪。

Aquabase PLUS 水性底色漆遮盖层喷涂时喷枪调节可参考下表。

出漆量	扇面	气压
打开2圈	打开3/4	130~150kPa

注:如针对 SATA jet 3000 B HVLP WSB 喷枪时,扇面应打开1/4。

任务四 水性面漆喷涂

（1）调整出漆量。

操作提示

将涂料流量调节螺母按顺时针拧紧后再退出2圈，然后锁紧锁止螺母。

（2）调整扇面。

操作提示

将扇面调节螺母按顺时针旋紧，然后再拧至最大开度，同时观察螺母转动圈数，再拧回1/4开度。

（3）调整喷涂气压。

操作提示

按下扳机第一挡使喷枪出气量达到全开状态并保持，调节空气流量调节螺母，使压力表指针稳定指于130～150kPa位置。

（4）试枪，检查喷束状况。

要点说明

为了确保喷枪已经调整到位，喷涂之前必须在测试纸上进行喷涂，并对面漆喷幅进行观察。如果符合喷涂要求，就可以进行正式喷涂，反之，则要对喷枪重新调整、测试。

2 水性底色漆遮盖层喷涂（双层）。

（1）喷涂第一层底色漆（半干层）。

操作提示

在工件表面薄薄地预喷一层，以提高涂料与原有涂层的亲和力。喷涂时，可先喷涂工件的边缘，再喷正面。

经验总结

半干层喷涂后,如果发现有少量"鱼眼"等缺陷存在,可待色漆适当闪干后,在该部位以稍大的气压雾喷 2~3 次,覆盖住涂料排斥部位。如果有大量"鱼眼"存在,则应总结本次操作过程,寻找出现"鱼眼"的原因,以免下次操作出现同样的问题。

实用技巧

喷涂第一道半干层时,需适当加快喷枪的移动速度,增加喷涂距离和减小喷幅的重叠面积,使涂膜达到半哑光的状态即可。第一道半干层喷涂完毕后,不需要闪干,直接喷涂第二道半湿层。

Aquabase PLUS 水性底色漆半干层的喷涂方法可参考下表。

喷涂距离(cm)	喷涂速度(cm/s)	扇面重叠
20~25	40~50	2/3
15~20	60~80	1/2

(2)喷涂第二道底色漆(半湿层)。

操作提示

半干层喷涂后可马上喷涂半湿层。喷涂时,应先喷涂工件边缘,再喷涂工件正面。

经验总结

该道半湿层喷涂完毕后应基本形成光滑的色漆层,并达到着色和遮盖要求。如果此时仍露底色,则应考虑中涂漆的灰度选择是否正确,在下次训练中,需重新确认中涂漆的灰度值。

实用技巧

第二道半湿层喷涂完毕后,涂膜应带一点湿润但不能全湿,否则影响干燥速度。

Aquabase PLUS 水性底色漆半湿层的喷涂方法可参考下表。

喷涂距离(cm)	喷涂速度(cm/s)	扇面重叠
15~20	30~40	3/4
13~17	50~60	2/3

3 水性底色漆层间闪干。

要点说明

水性底色漆与油性底色漆相比,其闪干时间更长,为缩短施工周期,提高效率,需借助空气流通设备来加速涂膜干燥,如专用吹风筒等。

吹风筒利用文丘里原理,除了压缩空气给系统供气,吹风筒还从周围环境吸入大量空气,可以快速有效地缩短水性漆的干燥时间。

吹风筒从周围吸入的空气会通过一个过滤精细的不锈钢网筛进行过滤,避免涂膜污染。

(1)打开吹风筒开关。

操作提示

根据设备使用说明,将吹风筒气压调至 25kPa。

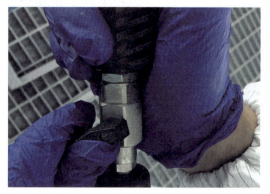

任务四 水性面漆喷涂

经验总结

打开吹风筒的瞬间,吹风筒不要对着工件表面,以防将局部的色漆吹散;也不要对着地面,以防将地面上的灰尘吹散到空气中,污染板件表面,造成面漆缺陷。

(2)用吹风筒吹至哑光。

操作提示

在使用吹风筒时,应从工件侧上方沿45°角吹向工件,使吹出空气的气流方向与烤漆房的空气气流方向尽可能相同。同时,保持吹风筒与工件在30~80cm的距离。

(3)水性底色漆遮盖层(双层)闪干后的效果。

操作提示

要从多角度观察漆面是否全部都已变成哑光状态。

经验总结

对于底色漆而言,只有当漆面完全达到哑光状态时,才可喷涂下一道油漆。

若此时所喷涂的底色漆的遮盖力较差,漆面没有达到100%的遮盖时,需要再次喷涂半湿层,直至完全遮盖为止。但底色漆喷涂层数越多,漆面越不平滑,会影响面漆的最终效果。

4 喷枪调节(效果层喷涂)。

操作提示

喷涂效果层前,需再次调节喷枪各参数。以 SATA jet 4000 B HVLP WSB 喷枪为例,具体调节可参考下表。

出漆量	扇面	气压
打开1圈	全开	110~120kPa

5 喷涂效果层(雾喷)。

要点说明

在底色漆达到完全遮盖并闪干后,需在其干膜上再喷涂一薄层(雾喷)底色漆,以控制银粉排列,使其与原厂漆的状态一致,达到金属闪烁的效果。

> **经验总结**
>
> 因底色漆哑光后很难判断是否有漏底、发花缺陷存在,在喷涂清漆后如发现以上问题,再次训练时应以不同的枪距、枪速及扇面重叠度喷涂两块工件,以进行对比总结,避免产生上述缺陷。

第四步　清漆层施工

1 喷枪调节。

(1) 调节出漆量。

> **操作提示**
>
> 在整板喷涂清漆时,可将出漆量调至最大,即全开。调节时,首先将调节螺母退出3～4圈(各类喷枪因螺母的螺距不同而有所差异,但必须保证扳机不被针阀顶住可以按到底),然后将扳机按到底并保持,再将调节螺母往回拧直至针阀顶紧即可。

> **实用技巧**
>
> 效果层需要采用雾喷的方法进行喷涂。喷涂时可适当增加喷涂距离,减小扇幅重叠。效果层喷涂完后应是全哑光的状态,漆面均匀,无漏喷、银粉起花等缺陷。
>
> Aquabase PLUS 水性底色漆效果层的喷涂方法可参考下表。

喷涂距离(cm)	喷涂速度(cm/s)	扇面重叠
20～25	50～60	2/3
15～20	60～80	1/2

6 效果层(雾喷)闪干。

> **要点说明**
>
> 虽然效果层喷涂完后是哑光状态,但其仍有部分溶剂存在,必须要闪干,使溶剂挥发完后才可喷涂清漆,否则清漆层容易出现痱子、失光等缺陷。

> **要点说明**
>
> 以上出漆量调节方法应在涂料装枪前进行调节。

(2) 调节扇面。

> **操作提示**
>
> 在整板喷涂清漆时,可将扇面调至最大。

任务四　水性面漆喷涂

(3) 调节喷涂气压。

操作提示

在整板喷涂清漆时,可将喷涂气压调节至 200~250kPa。

要点说明

在局部修补喷涂时,应根据个人喷涂习惯适当减小喷涂扇幅、出漆量和喷涂气压。

(4) 试枪,检查喷束状况。

操作提示

查看喷枪是否调整至雾化最佳状态,并观察清漆调配的黏度。

2　清漆喷涂。

操作提示

清漆的喷涂次数及单次形成的膜厚是决定清漆层是否能达到良好的光泽、流平效果的关键因素。P190-6850 清漆建议喷涂两个单层(中湿层+全湿层),清漆总膜厚应达到 50~60μm。

P190-6850 清漆的喷涂方法可参考下表。

湿度效果	喷涂距离(cm)	喷涂速度(cm/s)	扇面重叠
中湿层	20~25	50~60	1/2
全湿层	15~20	60~70	2/3

(1) 喷涂第一道清漆(中湿层)。

实用技巧

中湿层喷涂后,面表应有湿润感(可通过观察喷烤漆房内照明灯的倒影来判断,看见比较清晰的灯管影子即可)。如果喷涂过厚,增加闪干时间,易造成流挂等缺陷;如果喷涂过薄,会使涂层显得过干,流平性、光泽度、清晰度都较差。

此道清漆可不必喷涂工件边缘,直接喷涂工件正面,这样更节省材料。

(2)静置,闪干。

操作提示

在喷涂第二道清漆前,必须留有足够的闪干时间,根据环境温度的不同,一般需要5~10min,若闪干时间不足则容易产生流挂。

实用技巧

喷涂后整个工件表面应比上一道清漆更湿润,能清晰地看见灯管的影子。注意,不要喷涂过厚产生流挂。

由于第一道清漆未对边缘喷涂,故本次喷涂需一次成膜,使其达到良好的光泽即可。喷涂边缘时,扇面与工件的夹角应不大于45°(可减少材料浪费),以较快的速度来回走枪2~3次即可。

如果清漆干燥后涂膜表面光泽度、丰满度不佳,再次训练时应以不同的枪距、枪速及扇面重叠度喷涂两件工件,以进行对比总结,避免产生上述缺陷,得到更好的喷涂效果。

实用技巧

喷涂前用手指轻轻触摸边缘部位(不影响工件装车后漆面效果的部位),漆面不拉丝时,即可喷涂下道清漆。

(3)喷涂第二道清漆(全湿层)。

操作提示

第二道清漆必须喷涂一全湿层,使整个工件的边缘及正面的涂膜具有良好的光泽和丰满度。若喷涂湿度不足,表面流平性变差,会导致漆面产生严重橘皮。

第五步 5S 整理

六、任务评价表

任务评价表(满分100分)　　**完成时间**_____

考核时间	序号	项目	配分	评 价 标 准	得分
30 (min)	1	粘尘	5	喷涂前未对工件粘尘扣5分	
				粘尘布使用方法错误,直接用拆封粘尘布对喷涂区域进行粘尘扣2分(未做充分展开动作)	
	2	面漆喷涂过程	15	未进行调枪,扣5分	
				未进行试枪,扣5分	
				色漆或清漆喷涂时层间未闪干,扣5分	
	3	施工效果	70	底色漆效果:露底、起花等缺陷,每5cm×5cm范围或第5cm长度之内为一处,每处扣3分	
				清漆效果:清漆漏喷、过薄、橘皮、流挂等缺陷,在边角或轮眉位置每5cm长为一处,每处扣2分;其他位置以每5cm×5cm范围为一处,每处扣3分	
	4	安全防护	5	整个操作过程中有一项防护用品穿戴错误或未穿戴,不得分	
	5	5S	5	喷涂过程中出现安全问题,不得分	
				未将使用过的垃圾放到指定位置,不得分	
	分数合计		100	总得分	

注:此任务评价表仅作为任务实施自查评价参考用,非比赛评分技术文件。

任务五　银粉漆调色

一、任务说明

本项工作任务是在 50min（不含最终清洗工具时间）时间内，根据所提供的标准色样板，对存有颜色差异的色漆进行人工微调。操作流程符合调色工艺要求，微调后所喷涂的样板颜色与标准板颜色对比，达到无视觉差异的效果。

二、理论知识

人工微调几乎是调配颜色时的必经之路，同时也是调色的最高境界！

1．人工微调的调色步骤

（1）标准板表面处理：进行清洁、抛光（呈现原来的面貌）。

（2）色母特性分析：分析各种色母在配方中的影响，分析三属性（明度、色调和彩度），选择相同或相近的颜色配方。

（3）颜色差异分析：分析比较标准板和试样色板在三属性上的差异，银粉珍珠色要同时用正、侧面做比较。

（4）颜色修正：加入色母或减少色母，并确定颜色改变的方向是否正确。

（5）确定需要添加的色母：添加或减少用量，一般不超过原色母量的 5% 为宜，一次只针对一个变量做调整（最重要的是正确的配方和正确的方向，调色才有经济效益，节省时间及原料）。

（6）正确计算配方，例如：在品牌油漆的色母中，一般给出的是某种色母或添加剂在总量中占的质量比，而在调配颜色时，经常会用到体积比例的方法，故而在配色前需要对配方做出正确计算，化为统一单位。

（7）添加色母并充分搅拌：在添加时应注意三点，即留意色母浓度；如果不能确定色母的添加量，可以少量添加，做出样板观察；做样板的同时记下色母的添加量。

2．人工微调时的注意事项

（1）核对颜色。

①首先确认是否有原厂漆号，颜色与色卡有无色差（偏红、偏绿等）。

②试喷小样板，对于双工序（或三工序）面漆还需喷涂清漆，待干燥后再对色。

③在充足的自然光或标准灯箱下对色，普通的室内人造光源会产生误导。

④核对颜色时要依据车身完好清洁表面。

⑤以第一印象为准，盯的时间越长，越难以判断。

（2）推敲试板的色差。

①试板的颜色在色环图上的定位。

②它有哪些方向可以移动。

③需要它向哪个方向调整。
④配方中用到哪些色母。
⑤每个色母会使颜色向哪个方向移动。
（3）色母选择。
①根据色母特性及色环原理选择可能需要用到的色母。
②尽量使用配方中原有色母作调整。
（4）遵循微调规则。
①先做试验性的微调。
②使用原配方中的色母进行微调。
③从浅到深，从纯净到混浊调整。
④喷出试板并等待颜色干燥。
⑤喷板时要达到遮盖力。
⑥将试板与目标颜色进行比较。
（5）调色操作。
①充分搅匀混合物。
②使用通透色母来作小分量颜色的微调。
（6）试板喷涂。
①正确对待试板喷涂。
②不要用湿漆比色，大多数素色漆干燥后颜色会变深。
③喷涂试板时的手法应与车身的喷涂手法一致。
④比色前要允许涂膜充分固化。

由于汽车修补的颜色千变万化，颜色的配方往往只能提供相对接近的颜色。因此，多练习、多思考、多留意、多学习，纯熟地掌握色母的变化特性，做到心细、眼灵、手巧，具备对颜色敏锐的辨察力及对色母变化的灵活掌握，才会达到与颜色的真正交流，成为一名优秀的调漆师。

三、技术标准

1. 作业要求

在50min时间内完成以下工作：

（1）根据工艺要求喷涂差异板（B）。
（2）分析、判断差异板（B）与目标板（A）之间的颜色差异。
（3）在调色过程中记录所添加色母编号及用量。
（4）正确使用对色灯箱、电子秤等调色工具和设备。
（5）调色流程符合工艺要求，微调后的色板必须与目标板颜色接近。

2. 考核要点

（1）个人防护用品穿戴规范，安全操作。
（2）喷枪调节正确，色板的喷涂方法规范。
（3）颜色差异分析正确，色母选用正确。
（4）记录微调配方，书写字迹清晰、端正。
（5）通过微调，使颜色尽量接近目标板（A）。
（6）在规定时间内选择颜色最接近目标板（A）的色板上交。
（7）上交的色板应无灰尘、鱼眼、银粉发花等影响对色的涂装缺陷。
（8）操作完毕后，工位清洁，工具设备复位，废物统一放置在规定的废弃物容器内。

四、所需工具、辅料和设备

吹风筒

喷枪气压表

车身涂装指南

喷枪

粘尘布

一次性枪壶

水性底色漆色母

2K 极品清漆

油性除油剂

防护用品

水性清洁剂

调漆棒

电子秤

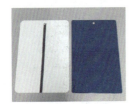
目标板与白色板

差异色底色漆

五、任务实施

第一步 实施前准备工作

1 查看设备状态。

操作提示

设备、工具如不能正确或正常使用,会产生微小的误差,而这微小的误差会导致最终颜色的不准确,如电子秤计量不准确等。

2 查看耗材是否齐全。

操作提示

操作现场应提供若干除油剂、除尘布、粘尘布和1块目标色板、4块白色板等。

3 确认喷板区及洗枪区情况。

经验总结

及时与相关人员确认喷涂后喷枪是否需要自己清洗,清漆是否已调配好放置在喷板房等。

第二步 差异板喷涂作业

1 正确穿戴安全防护用品。

2 色漆分杯与调配。

(1)将底色漆倒入枪壶。

操作提示

根据提供的白色板数量将色漆平均分为若干份(本次提供4块白色板和100g油漆,即平均分4份,每份为25g)。

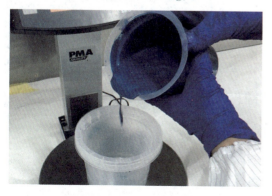

经验总结

分杯的油漆量必须要保证1块色板的喷涂用量($10cm \times 15cm$的色板一般需要20g左右),同时以100g的整除数4或5进行分杯,方便计算(如本次微调差异色为25g,在其中加入某个色母0.3g后达到喷涂要求,但喷涂的油漆用量需要500g,此时便可计算出500g差异色中所需加入色母的用量,即$500 \div 25 \times 0.3 = 6$)。

(2)在底色漆中加入水性漆稀释剂。

操作提示

稀释剂的加入量必须严格按照产品手册说明添加,不得过多或过少,同时每份的添加量要相等,否则会影响颜色的准确性。

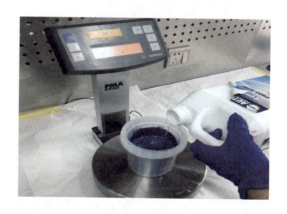

延伸拓展

稀释剂配比比例和挥发速度对颜色的影响,具体见下表。

浅	颜色偏向	深
少	←稀释剂配比→	多
快干	←稀释剂类型→	慢干

(3)将底色漆搅拌均匀。

3 枪壶安装。

(1)枪壶外壳加固。

4 清洁色板。

(1)色板表面除油。

🔶 操作提示

先用水性清洁剂 P980-8252 清洁，再用油性除油剂 P850-14/1402 清洁。

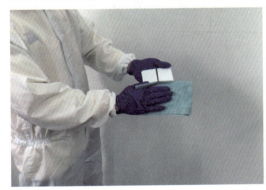

(2)安装枪壶。

(2)固定喷涂的色板。

🔶 操作提示

加固色板，防止在喷涂过程中被压缩空气吹落。

(3)装枪完成。

🔶 操作提示

装枪完成后，切忌在喷涂前开启扳机，否则油漆将直接从喷嘴漏出。

任务五 银粉漆调色

(3)对色板进行粘尘处理。

(2)试喷,检查喷束状况。

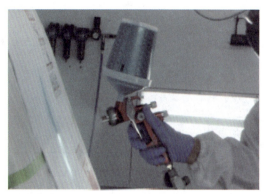

5 底色漆喷枪调节。

(1)调节色漆喷枪。

操作提示

必须严格按照产品手册说明选用与调节喷枪,以匹配原车(目标色板)的喷涂参数,否则会影响颜色的准确性。

延伸拓展

喷枪口径、喷涂气压、喷涂扇面、出漆量等对颜色的影响,具体见下表。

浅	颜色偏向	深
小	←喷枪口径→	大
大	←气压调节→	小
大	←扇面调节→	小
小	←油漆流量→	大

6 喷涂差异色板(B)。

操作提示

喷涂手法应与车身(目标板)喷涂手法一致,喷涂时范围必须大于色板面积,如色板为10cm×15cm,则喷涂范围建议不小于20cm×30cm。

以使用SATA jet 4000 B HVLP WSB喷枪为例,具体喷涂方法及喷枪参数调节见下表(可查阅产品使用手册)。

喷涂方法		纯底色 (除红/黄)	珍珠或银粉		
喷涂 方式	层数	双层	双层	单层	
	方式	半干	半湿	半干	半湿	雾喷
	强制干燥	—	吹干	—	吹干	吹干
调枪	出漆量	打开2圈	打开2圈	打开1圈		
	扇面	打开3/4	打开3/4	全开		
	气压	130~150kPa	130~150kPa	110~120kPa		

延伸拓展

喷涂时的走枪速度、距离、喷涂次数等对颜色的影响,具体见下表。

浅	颜色偏向	深
快	←走枪速度→	慢
远	←枪距远近→	近
少	←喷涂次数→	多
薄	←清漆厚度→	厚

(1) 遮盖层喷涂。

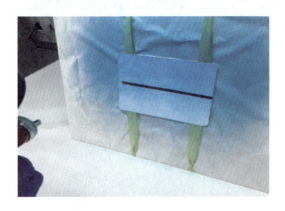

(2) 使用文丘里吹风筒吹干。

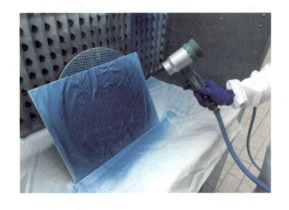

(3) 闪干后喷涂效果层(雾喷层)。

操作提示

在喷涂效果层前应确保色漆已达到遮盖要求,可通过观察色板中间的黑线来判断。若看不到黑线,则说明色漆已达到遮盖要求;若还能看到黑线,则需再喷涂遮盖层。

7 调节清漆喷枪。

(1) 调节出漆量、扇幅、气压。

操作提示

在色板喷涂时,须将喷涂参数调至与喷涂车身(目标板)一致。

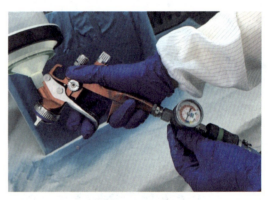

(2) 试喷,检查喷束状况。

8 喷涂清漆。

> **操作提示**
>
> 清漆喷涂方法必须与喷涂车身(目标板)时方法一致,范围与色漆喷涂范围相同。

> **经验总结**
>
> 若清漆的厚度对微调油漆的颜色无影响或影响不大时(如素色、银粉漆),清漆层可喷涂得稍薄一点,以便快速闪干后进行烘烤;若清漆的厚度对微调油漆的颜色影响大时(如三工序珍珠漆),清漆的厚度必须与工件(目标板)接近或一致。

9 色板干燥。

(1)转移色板至烘烤箱。

> **操作提示**
>
> 在取色板转移过程中注意不要碰触到色板表面,以免碰伤。

> **经验总结**
>
> 差异板烘烤前应闪干至指触不拉丝为宜,否则烘烤过程中易产生痱子等缺陷,严重时会影响对色效果。
>
> 在差异板闪干的时间,可做"配方色母特性分析"(第三步第3点),以节省操作时间。

(2)开启烤箱。

> **操作提示**
>
> 按产品使用要求设定烤烘温度,以免产生缺陷。

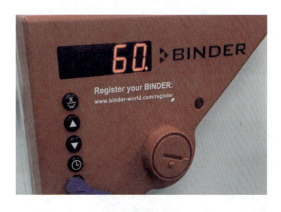

第三步 人工微调

1 分析颜色差异。

> **操作提示**
>
> 选择合适的光源、背景色、比色角度,将目标板与差异板相邻放置,并置于同一平面后进行比色。
>
> 比色时,须从颜色的三属性、银粉颗粒(粗细、多少)等方面进行分析。以本次微调的样板为例(银粉漆、珍珠漆需分析正、侧面的差异),具体分析见下表。

比对面 分析项目	色调	明度	彩度	银粉颗粒	B（差异色）调到 A（标准板）
正面 （A比B）	略偏黄	暗	浑浊	相同	降低明度、彩度
侧面 （A比B）	蓝相	暗	浑浊	相同	降低明度、彩度

注：左板为A（标准板），右板为B（差异板）。

2 记录正、侧面差异。

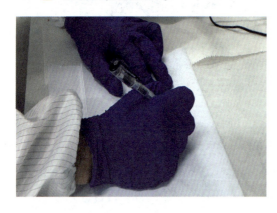

经验总结

将颜色差异的分析结果记录下来，有助于选择正确的色母。

3 色母特性分析。

操作提示

根据色母特性表或色母特性挂图对差异色配方中的所有色母进行分析。

蓝色银粉漆（本次微调差异色）配方见下表。

色母编号	累积量（g）	绝对量（g）
8957	10.5	10.5
8952	14	3.5
8988	29.3	15.3
8987	43.5	14.2
PP63	45.5	2
8948	48.5	3
8933	50.8	2.3
8900	52.4	1.6

要点说明

色母在色母特性挂图中标注的位置表示该色母的特性，不同油漆品牌的色母特性挂图的表述方式不同，但所表述的内容都相似。

以本次微调所采用的油漆品牌（Aquabase PLUS）及差异色配方为例，见附图1。

色母在色环圆周上的位置，表示该色母在银粉、珍珠漆中正、侧面的颜色走向。如蓝色色母8957在蓝色银粉/珍珠漆中正面偏绿（靠近绿色调）；侧面偏紫（靠近紫色调）。

色母离色环圆心位置的远近表示该色母的彩度，越靠中心，彩度越低越浑浊；反之，彩度越高越鲜艳。如PP63在蓝色银粉/珍珠漆中正、侧面都比8957彩度更高，更鲜艳。

经查阅色母特性挂图（或色母特性表）后可得出上述配方中各色母的特性，具体见下表。

任务五 银粉漆调色

纯色色母特性				
编号	名称	在素色漆中	在银粉/珍珠中	
			正面	侧面
P990-8900	纯白	主要使用	不常使用	
P990-8957	坚蓝	酞菁蓝	红相	干净红调
P991-8952	透明绿	黄绿	黄相	黄相
P990-8933	午夜黑	在冲淡色呈蓝相	蓝相	比8950和8948更浅和更蓝
P990-8948	暗黑	黄相黑	微带黄相	比8933更黑

银粉/珍珠色母特性				
编号	名称	备注	正面	侧面
P998-8988*	中闪银	—	干净/亮	暗
P998-8987	中幼银	比8992稍细	比8992干净	比8992浅
P995-PP63	幼珍珠蓝	比PP07细，遮盖低	蓝相	稍带黄，比PP07更浅

经验总结

熟记色母特性能提高色母选用的正确性，降低"走弯路"的概率，节约时间。

4 选择色母。

操作提示

根据样板颜色分析和色母特性分析，利用排除法进行色母选择。

在样板颜色分析中已得出：

(1) 通过正、侧面比对银粉颗粒（大小、多少）无变化，则可排除银粉色母8988、8987。

(2) A板正面、侧面都比B板暗、浑浊，因此，可初步确定需要在差异色油漆中加入黑色色母（黑色能降低明度，同时也能降低彩度）。

(3) A板正面比B板略偏黄相，侧面无差异，此时根据色母特性分析可排除黑色色母8933、黄绿色母8952和珍珠色母PP63。

经排除后初步确定此次微调应添加的色母为黑色色母8948。

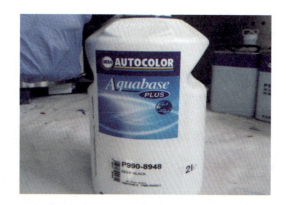

经验总结

平时应加强色感培养，正确分析样板颜色差异，熟记色母特性，否则容易选错色母。

5 微调色漆(1)。

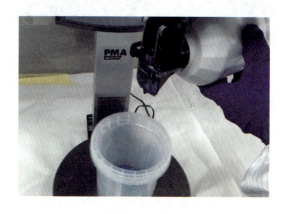

> 经验总结

首次添加色母进行微调时,若添加量过少,颜色变化不明显,难以2次确定所选色母是否正确;若添加量过多,颜色变化太大,同样难以2次确定所选色母是否正确。

> 实用技巧

初次添加色母量不宜过多,具体添加量可根据以下公式计算:

色母的净重(需添加色母在配方中的质量)÷配方总质量(所有色母累计量)×50 =首次微调的添加量

以本次微调为例,首次添加质量应为:

3g÷100g×50=0.15g

6 喷涂微调板(C1)。

> 操作提示

参考"差异色板喷涂"中3~9步。

7 目标板(A)与微调板(C1)、差异色板(B)进行比色。

> 操作提示

将A、B、C1 3块板相邻放置,并置于同一平面后进行比色,如图所示。对色时,同样需要观察正面、侧面的颜色差异。

> 经验总结

通过比色后,目标板(A)、微调板(C1)、差异色板(B)三者之间一般会存在以下3种位置关系。

位置关系1:微调板(C1)处在目标板(A)与差异色板(B)之间,即颜色由B到C1慢慢接近A,如图所示。

此时表明,色母选择正确无误,颜色已慢慢向A靠近,需要注意的只是添加量多少的问题。

位置关系2:目标板(A)处在微调板(C1)与差异色板(B)之间,即颜色由B到A慢慢接近C1,如图所示。

此时表明,色母选择正确无误,但首次添加的色母量过多,在下次微调时需要减少添加量。

位置关系3:微调板(C1)脱离由B到A的颜色渐变主线。即不能夹在目标板(A)与差异色板(B)之间;也不能形成位置关系2,颜色由B到A慢慢接近C1时,说明色母选择错误,需要重新分析A、B板的颜色差异和各色母的特性。

任务五　银粉漆调色

实用技巧

当存在位置关系1和2时,可根据经验来判断下一步需添加或减少的色母用量,即通过分析来判定C1与B之间的距离和C1与A之间的距离。

若将B与A之间的颜色差异距离假设为1,而经过分析发现C1从B到A"走"了约1/3的距离(如图所示),此时便可初步确定下次微调需加入的色母用量应为首次加入量的3倍。

以本次微调操作为例,在喷涂C1板的色漆(25g)中加入了0.15g的黑色色母8948,则应在C2板的色漆(25g)中加入了$0.15 \times 3 = 0.45g$的黑色色母8948(注:一般情况下添加量应小于3倍,以免分析不当造成过量添加。运用此方法需长期积累经验,并熟知色母特性)。

8 微调色漆(2)。

操作提示

根据上述的分析结果在25g差异色油漆中加入不超过0.45g黑色色母8948。

9 喷涂微调板(C2)。

操作提示

参考"差异色板喷涂"中3~9步。

10 目标板(A)与微调板(C2)、微调板(C1)进行比色。

操作提示

将A、C1、C2三块板相邻放置,并置于同一平面后进行比色,如图所示。对色时,同样需要观察正面、侧面的颜色差异。

经验总结

通过比色后,若发现C2处在A与C1之间(如图所示),即颜色由C1到C2慢慢接近A时,此时将C1与A之间的颜色差异距离假设为1,分析判断C2从C1到A"走"了多少距离,从而确定下一次的增加量。

以本次微调操作为例,如C2从C1到A"走"约2/3的距离(C2到A还有1/3的路),则下次需在C2的添加基础上,再增加C1到C2添加量的1/2倍,即0.45(微调板C1用量)+0.3/2(C1到C2添加量的1/2倍)=0.6(g)。

11 微调色漆(3)。

> **操作提示**
>
> 根据上述的分析结果在25g差异色油漆加入不超过0.6g黑色色母8948。

12 喷涂微调板(C3)。

> **操作提示**
>
> 参考"差异色板喷涂"中3~9步。

13 目标板与微调板、差异板进行比色。

> **操作提示**
>
> 将所有色板(B、C1、C2、C3)与A进行比色,挑选出最接近A的色板。

> **经验总结**
>
> 挑选色板时要保证上交的色板表面不能有影响颜色比对的缺陷,如严重的痱子、起花、失光等。

14 5S整顿。

色母特性表(不包含银粉/珍珠)　　　　附表1

编号	名称	使用限量(%)	在素色漆中	在银粉/珍珠中	
				正面	侧面
P990-8900	纯白	2.5~100	主要使用	不常使用	
P992~8901	特白	0~30	不常使用	黄色调	浅蓝调
P900-8902	通透白	0~10	仅使用于微调	脏	变浅/变暗
P990-8904	通透黑	0~10	仅使用于微调	仅使用于微调	

任务五　银粉漆调色

续上表

编号	名称	使用限量(%)	在素色漆中	在银粉/珍珠中	
				正面	侧面
P990-8933	午夜黑	0~100	在冲淡色呈蓝相	蓝相	比8950和8948更浅和更蓝
P990-8950	深黑	0~100	比8948更深更蓝	和8948一样稍带黄相	比8948更深
P990-8948	暗黑	0~100	黄相黑	微带黄相	比8933更黑
P990-8910	通透蓝	0~10	仅使用于微调	仅使用于微调	
P991-8916	皇家蓝	0~70	绿相蓝	比8957更绿	稍带红相
P990-8953	鲜蓝	0~70	绿相蓝	比8957和8916更绿	浅红相
P991-8930	发红蓝	0~70	红相蓝	红相	干净红调
P990-8957	坚蓝	0~70	酞菁蓝	绿相	红相
P992-8911	蓝色	无	绿相蓝	比8957更绿	稍带红相
P991-8920	黑紫	0~70	红相紫	干净紫	微带红相
P991-8975	金绿	0~60	不能使用	金绿	绿相
P991-8952	通透绿	1~70	黄绿	黄相	黄相
P990-8954	深蓝绿	0~70	蓝绿	蓝相	比正面更蓝
P991-8905	芥末黄	1~100	标准铁黄	不常使用	
				脏黄/红相	浊带黄
P990-8918	通透泥黄	0~10	标准铁黄	脏黄/红相	浊带黄
P991-8984	阳黄	1~60	不能使用	绿相	绿相
P993-8963	深琥珀黄	0~100	冲淡时干净红	不常使用	
				脏红相	浊红相
P993-8972	深黄	0~100	绿相黄	不常使用	
				脏黄相	浊黄/绿相
P992-8983	橙黄	0~60	不能使用	干净红相	角度观察时微绿稍浅
P991-8982	金黄	0~60	不能使用	金黄相	

续上表

编号	名称	使用限量（%）	在素色漆中	在银粉/珍珠中	
				正面	侧面
P992-8965	橘黄	0～100	干净橙	不能使用	
P991-8942	透明红	0～60	不能使用	金色/红相	多角度观察黄相稍浅
P992-8971	鲜红	0～70	不能使用	干净黄相	更干净浅黄相
P991-8907	铁锈红	1～100	标准铁红	脏蓝相	浊并带橙相
P991-8921	深紫红	0～60	蓝相红	比8935更干净蓝相	比8935更浅蓝相
P991-8980	紫红		不再被使用/8979替代		
P990-8908	通透铁锈红	0～10	仅使用于微调	仅使用于微调	
P991-8979	栗红	0～70	不常使用	黄相	黄相
P992-8960	透明洋红	0～60	不能使用	比8921更干净更蓝	比8921更暗更蓝
P993-8941	大红	0～100	干净亮红	不常使用	
P992-8964	酒红	0～60	不能使用		
P992-8978	棕色	0～60	不能使用	微带黄相	深棕色相
P992-8935	洋红	0～70	蓝相红	蓝相	深蓝相

附图1 色母特性挂图（列举本文所用色母）。

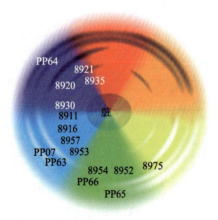

在蓝色银粉/珍珠漆中正面分析

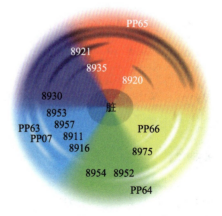

在蓝色银粉/珍珠漆中侧面分析

六、任务评价表

任务评价表(满分100分)　　**完成时间**_____

考核时间	序号	项目	配分	评价标准	得分
50 (min)	1	色母判断	10	色母判断正确	
	2	色板	5	色板规范、整洁	
	3	颜色准确度	70	100分(70%换成百分制)－ΔE值×10(ΔE取小数点后1位,四舍五入)	
				ΔE＜0.5　　扣5分	
				ΔE＜1　　　扣10分	
				ΔE＜1.5　　扣15分	
				ΔE＜2　　　扣20分	
				ΔE＜2.5　　扣25分	
				ΔE＜3　　　扣30分	
				ΔE＜3.5　　扣35分	
				ΔE＜4　　　扣40分	
				ΔE＜4.5　　扣45分	
				ΔE＜5　　　扣50分	
				ΔE＜5.5　　扣55分	
				ΔE＜6　　　扣60分	
				ΔE＜6.5　　扣65分	
				ΔE＜7　　　扣70分	
				ΔE＜7.5　　扣75分	
				ΔE＜8　　　扣80分	
				ΔE＜8.5　　扣85分	
				ΔE＜9　　　扣90分	
				ΔE＜9.5　　扣95分	
				ΔE＜10　　 扣100分	
	4	安全防护	5	整个操作过程中有一项防护用品穿戴错误或未穿戴,不得分	
	5	5S	10	产品包装盖未盖好,工具、工作台未清洁、恢复原状,废弃物未分类丢弃等,每项扣2分	
		分数合计	100	总得分	

注:此任务评价表仅作为任务实施自查评价参考用,非比赛评分技术文件。

任务六　湿碰湿喷涂

一、任务说明

本项工作任务是在80min(不含面漆烘烤时间)时间内,对带有电泳底漆的雪佛兰赛欧轿车新右前翼子板(如图所示)进行必要的预处理作业,并按要求整板喷涂自流平免磨中涂漆、水性金属底色漆及快干清漆,符合"湿碰湿"喷涂工艺及质量要求。

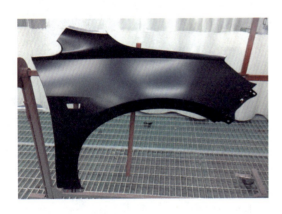

二、理论知识

随着经济发展,汽车进入千家万户,维修业务不断增多,修理工工作压力巨大。对于汽车维修漆工而言,如何在保证维修质量的同时简化汽车涂装的工艺,提高工作效率,降低劳动强度至关重要,因此,推广"湿碰湿"工艺迫在眉睫。

1. 自流平免磨中涂漆的特点

自流平免磨中涂漆具有极好的流平性,可提供一定时日内无需研磨即可喷涂面漆的施工工艺,切实优化修补程序,大大提高车间产出。

由于自流平免磨中涂漆的填充效果不如研磨中涂漆,因此,适用于新件喷涂或小面积填原子灰的修补作业,在喷涂前要对原子灰整平处用P320砂纸进行细磨;大面积填原子灰修补的板件不建议采用自流平免磨中涂漆。

2. 湿碰湿喷涂工艺

"湿碰湿"工艺即由原来的两喷一磨两烤(喷—烤—磨—喷—烤)改为两喷一烤(喷—喷—烤)。那么,何时将面漆"碰"到免磨中涂漆上最好?关键是让免磨中涂漆的溶剂在当时环境条件下、在适当的层间间隔时间内最大限度地挥发掉,以"碰"上去的面漆涂膜在固化过程中没有针孔、气泡、流挂、失光等涂膜缺陷为准。适宜的层间间隔时间,视天气、底材、漆种、湿膜厚度而异,通常在表干后的一段适宜的时间内。

要想"碰"得好,必须遵守"下宜稍薄,上可较厚"的原则。最易"碰"坏的操作是"下层太厚,层间间隔时间不够"。

三、技术标准

1. 作业要求

在80min时间内完成以下工作：

（1）根据工艺标准对电泳底漆进行研磨，达到附着力要求。

（2）整板喷涂自流平免磨中涂漆。

（3）水性金属底色漆及快干清漆整板喷涂。

2. 考核要点

（1）个人防护用品穿戴规范，安全操作。

（2）研磨工具操作规范。

（3）研磨材料选用合理。

（4）电泳底漆研磨操作规范，研磨后表面无亮点、橘皮、磨穿。

（5）喷涂前表面除油、清洁工作规范。

（6）喷枪选用正确，调试规范。

（7）使用规定用量的自流平免磨中涂漆喷涂翼子板。

（8）自流平免磨中涂漆喷涂后膜厚均匀，无漏底、流挂、粗糙等现象。

（9）底色漆喷涂后银粉颗粒排列均匀，颜色一致，不露底，无起花、起云、流挂等痕迹。

（10）清漆涂膜平滑，纹理均匀一致，无橘纹、失光、流挂、鱼眼等缺陷。

（11）操作完毕后，清洁工位，工具设备复位，废物统一放置在规定的废弃物容器内。

四、所需工具、辅料和设备

赛欧轿车右前翼子板

翻转架

水性漆吹风筒

干磨设备

喷枪

喷枪气压表

菜瓜布

粘尘布

自流平中涂漆

水性底色漆

车身涂装指南

过滤网

闪电清漆

防护用品

油性除油剂

水性清洁剂

自喷罐侵蚀底漆

清洁布

2 查看耗材是否齐全。

3 仔细检查翼子板有无划痕、凹坑等缺陷存在。

经验总结

上述检查必须认真仔细,如果工件表面有缺陷存在,需要与相关人员确定应如何进行下一步操作。如划痕是否需要打磨清除;凹坑是否需要填补原子灰等。

五、任务实施

第一步 实施前准备工作

1 试用工具、设备。

第二步 预处理作业

1 正确穿戴安全防护用品。

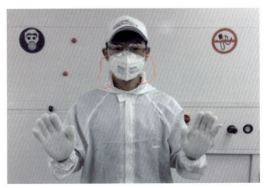

任务六　湿碰湿喷涂

2 表面清洁。

（1）使用吹尘枪进行除尘处理。

（2）更换防毒面具、耐溶剂手套。

（3）采用油性除油剂进行除油处理。

3 研磨电泳底漆。

操作提示

新工件表面一般都涂有一层厚度为 $15\sim20\mu m$ 的电泳底漆，其作用是保护底层的磷化层，同时提高工件的防腐性能。在施工中，为确保中涂漆有良好的附着力，需要对电泳底漆进行适当的研磨。研磨时需要选用较细的研磨材料，注意研磨的力度，避免将其磨穿或磨得过薄。

（1）更换安全防护用品。

操作提示

戴防尘口罩、棉纱手套。

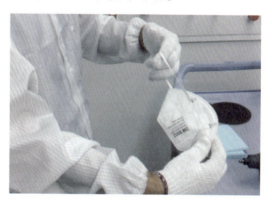

（2）选用5号打磨机，将红色菜瓜布贴在研磨盘上。

操作提示

自粘式菜瓜布可直接贴在研磨盘上使用；普通长方形菜瓜布可裁剪后配合研磨盘保护垫一起使用。

（3）研磨翼子板表面的电泳底漆。

操作提示

研磨时，打磨机与工件之间的夹角不得

车身涂装指南

过大,否则容易磨穿电泳底漆。一旦磨穿电泳底漆层,就必须补喷侵蚀底漆 P565-9085 以确保防腐性能和附着力,造成成本、时间浪费。

经验总结

工件表面的边角、筋线等部位电泳底漆层较薄,尽量不要用打磨机打磨。

(4)采用红色菜瓜布或 P800 海绵砂纸研磨边角及易磨穿的筋线等区域。

操作提示

研磨结束后仔细检查电泳底漆层的研磨情况,对未研磨彻底(有亮点、橘皮)的部位用红色菜瓜布等进行再次研磨,直至整个工件的电泳底漆层表面无亮点、橘皮为止。

4 表面清洁。

(1)除尘处理。

操作提示

研磨后工件表面附有大量粉尘,应先用清洁布擦拭后,再使用吹尘枪将残留的研磨粉尘清除干净。

(2)更换防毒面具、耐溶剂手套等。

(3)使用水性清洁剂 P980-8252 对翼子板进行清洁处理。

操作提示

"湿碰湿喷涂"工艺即指喷完自流平免磨中涂漆后直接喷涂面漆,中途无需再进行研磨和清洁处理。若自流平免磨中涂漆施工质量差,存在严重的尘点、颗粒缺陷,将失去"湿碰湿喷涂"的意义,仍需对中涂漆进行研磨。

任务六 湿碰湿喷涂

使用水性清洁剂 P980-8252 先对工件进行清洁,一方面能清除水溶剂的污物,增强中涂漆的附着力;另一方面水性清洁剂 P980-8252 具有一定的抗静电性能,可消除工件表面的静电,减少灰尘吸附,从而保证自流平免磨中涂漆的施工质量。

(4)使用油性除油剂 P850-14/1402 进行除油处理。

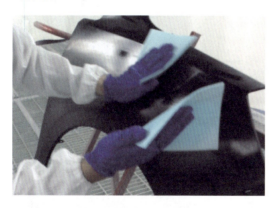

5 转移板件,避免磕碰。

6 粘尘处理。

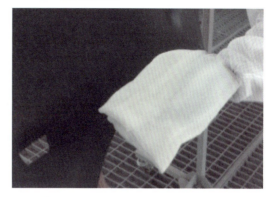

7 对磨穿裸露金属的部位补喷侵蚀底漆。

操作提示

在研磨电泳底漆的过程中若有磨穿至裸露金属的部位,则必须喷涂自喷罐侵蚀底漆 P565-9085,以确保防腐性和附着力;若无磨穿至裸露金属则不需做此步骤。

(1)检查有无磨穿的部位。

(2)对磨穿的裸露金属的部位喷涂侵蚀底漆 P565-9085。

经验总结

由于后序施工的是自流平免磨中涂漆，漆雾会影响最终的喷涂效果，因此在补喷的过程中，应尽可能地减小漆雾对工件的影响，否则将加大劳动强度，浪费时间。

实用技巧

补喷工件边缘的裸露金属时，为节约时间可不进行遮蔽，喷涂时喷嘴可与工件成40°左右的夹角向外喷射即可减少漆雾对工件的污染；补喷工件中间的裸露金属时，应采用反向遮蔽法遮蔽不必喷涂的区域，以减小漆雾污染的面积。

(3) 侵蚀底漆闪干。

操作提示

自喷罐侵蚀底漆P565-9085喷涂后涂膜表面应光滑、平整。如果喷涂后漆面出现细小尘点等缺陷，必须待其干燥后用P400或P500砂纸轻轻研磨，直至平整、光滑，否则将严重影响自流平免磨中涂的喷涂质量。

要点说明

不得在烤房内进行任何研磨作业，以免产生的粉尘在喷涂时对漆面造成影响。研磨后需再次清洁处理。

8 5S整理。

(1) 将废弃物丢入垃圾筒。

(2) 清洁打磨机。

(3) 整理工作台。

第三步　自流平免磨中涂漆施工

1 调配自流平免磨中涂漆。

(1) 根据所需用量进行调配，减少浪费。

操作提示

P565-5601/5/7 免磨中涂漆调配前应充分搅拌均匀,并根据面漆颜色选择正确的灰度。调配时应严格按照产品使用手册进行配比。混合后其黏度应控制在 16~18s,黏度过大喷涂后漆面粗糙不光滑,影响面漆的最终效果;黏度过小,易产生流挂,同时涂膜过薄,抗石击性能下降。调配比例见下表(可查阅产品使用手册)。

免磨中涂漆	固化剂	稀释剂
P565-5601/5/7	P210-8430/844	P850-16XX
2 份	1 份	0.5~1 份

说明:此调配比例为体积比

操作提示

SAST 免洗枪壶在使用前应将底座上的防漏塞扣紧。

(2)将免磨中涂漆充分搅拌均匀。

(3)将滤网装入免洗枪壶内。

2 喷枪的选用。

(1)选用合适的喷枪。

操作提示

自流平免磨中涂漆产品中的填料、颜料的颗粒较小、含量较少;喷涂后的涂膜表面要光滑、平整。因此,需选用口径为 1.2~1.3mm 的喷枪进行喷涂。

(2)拔起枪壶底座上的防漏塞。

操作提示

拔起免洗枪壶底座上的防漏塞,听到"哒"声即可。

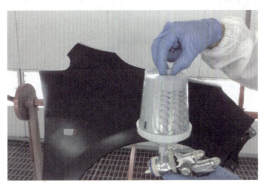

经验总结

如果免洗枪壶底座上的防漏塞不拔起,喷涂时枪壶内真空度增大,会影响喷枪正常的出漆,导致在喷涂时由于出漆量过少而产生橘皮等缺陷。

3 喷枪的调节。

操作提示

采用 SATA jet 1000 喷枪整板喷涂自流平免磨中涂漆时,具体调节可参考下表。

出漆量	扇面	气压
全开或回半圈	全开或打开 3/4	200~250kPa

(1)调节喷枪扇面。

(2)调节喷枪出漆量。

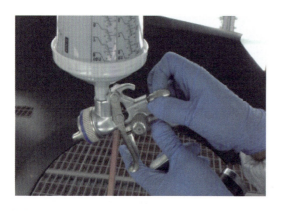

(3)调节喷枪气压。

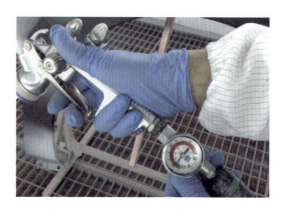

要点说明

在局部修补喷涂时可根据需要适当减小喷涂扇幅至 10~15cm,出漆量至 1~1.5 圈,气压至 100~150kPa。

(4)试喷,检查喷束状况。

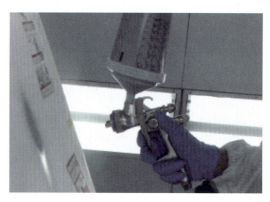

4 喷涂自流平免磨中涂漆。

操作提示

喷涂 P565-5601/5/7 免磨中涂漆时,如果喷涂湿度低,会导致表面粗糙,喷涂完面漆后橘皮严重,无法通过抛光补救;如果喷涂过湿、过厚易产生流挂,同时会延长闪干的时间,若闪干时间不足,溶剂未充分挥发会造成面漆失光,产生"痱子"等缺陷。

(1)对翼子板边缘喷涂一全湿层自流

平免磨中涂漆。

（2）对翼子板正面喷涂一全湿层自流平免磨中涂漆。

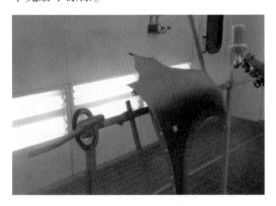

经验总结

喷涂 P565-5601/5/7 免磨中涂漆时，喷涂要均匀，湿度适宜，才能获得良好的表面流平效果，同时涂膜厚度控制在 25～35μm 为宜，不要喷涂过厚。

实用技巧

先喷工件边缘，再喷工件正面，可减少飞漆对漆面的影响。喷涂一全湿单层，或薄喷一层后马上再喷一全湿层即可达到所需的厚度。具体操作可参考下表。

湿度效果	喷涂距离 （cm）	喷涂速度 （cm/s）	扇面重叠
全湿层	15～20	50～60	1/2
	20～25	40～50	2/3

如果自流平免磨中涂喷涂后表面粗糙、橘皮严重，再次训练时应以不同的枪距、枪速及扇面重叠度喷涂两块工件，以进行对比总结，提高喷涂质量。

（3）喷涂完毕，静置闪干。

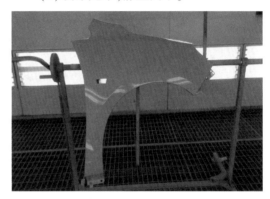

（4）充分闪干。

操作提示

自流平免磨中涂漆喷涂完毕后需要充分闪干。一般在20℃时，闪干约15min即可喷涂面漆。

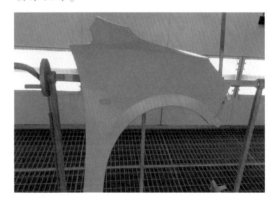

经验总结

在时间允许的情况下自流平免磨中涂漆的闪干时间应越长越好。若场地等条件允许，可用烤灯适当烘烤加速溶剂挥发，可有效地避免面漆喷涂后产生失光、"痱子"、溶剂泡等缺陷。

如果自流平免磨中涂漆闪干后，表面有少量的尘点、颗粒存在时，可先喷一道底色漆,待底色漆彻底干燥后再使用 P800 或更细的砂棉进行局部研磨,以消除缺陷。

第四步 水性底色漆施工
(参考"任务四")

1 调配水性底色漆。

2 喷枪调试。

(1)根据产品要求,选用口径为 1.25~1.3mm 的喷枪。

(2)调节喷涂扇幅。

(3)调节出漆量。

(4)调节喷涂气压。

(5)试喷,检查喷束状况。

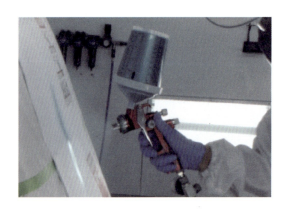

3 水性底色漆遮盖层喷涂(双层)。

(1)翼子板边缘喷涂半干层。

任务六 湿碰湿喷涂

（2）翼子板正面喷涂半干层。

（3）第一道半干层底色漆喷涂完毕。

（4）翼子板边缘喷涂第二道底色漆。

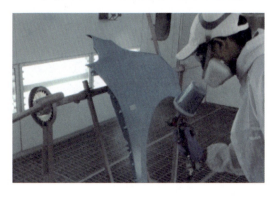

（5）翼子板正面喷涂第二道底色漆。

（6）第二道半湿层底色漆喷涂完毕。

（7）水性底色漆的层间闪干。

（8）层间闪干至哑光。

(9)喷涂效果层。

(10)层间闪干。

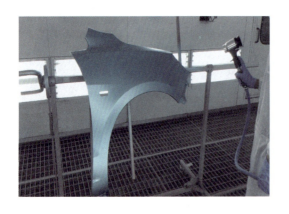

第五步　清漆层施工

1 调配 P190-6208 闪电清漆。

操作提示

P190-6208 闪电清漆干燥速度极快,适用于板块及点修补作业。

具体调配比例见下表(可查阅产品使用手册)。

清漆	固化剂	稀释剂
P190-6208	P210-6863	P852-1689
2份	1份	0.25份
混合后的使用寿命为0.5h		

2 喷枪的选用与调节。

操作提示

喷涂 P190-6208 闪电清漆可与喷涂 P190-6850 极品清漆采用同型号的喷枪。

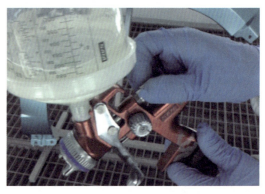

3 闪电清漆喷涂。

操作提示

P190-6208 闪电清漆干燥速度极快,建议喷涂1.5层,即薄喷一层后直接喷涂一全湿层,层间不需闪干,否则将会影响漆面的流平效果,产生严重的橘皮缺陷。

(1)喷涂第一层清漆(雾喷层)。

操作提示

第一道清漆应喷涂一雾喷层,达到半哑光状态即可。

任务六 湿碰湿喷涂

实用技巧

具体的喷涂方法可参考下表。

湿度效果	喷涂距离（cm）	喷涂速度（cm/s）	扇面重叠
雾喷层	20~25	60~70	1/2

（2）喷涂第二层清漆（全湿层）。

操作提示

第二道清漆必须喷涂一全湿层，使整个工件的边缘及正面的涂膜具有良好的光泽和丰满度。若喷涂湿度不足会导致漆面产生严重的橘皮。

实用技巧

具体的喷涂方法可参考下表。

湿度效果	喷涂距离（cm）	喷涂速度（cm/s）	扇面重叠
全湿层	20~25	40~50	3/4
	15~20	50~60	2/3

经验总结

如果清漆干燥后涂膜表面光泽度、丰满度不佳，再次训练时应以不同的枪距、枪速及扇面重叠度喷涂两件工件，以进行对比总结，避免产生上述缺陷，得到更好的喷涂效果。

（3）喷涂完毕。

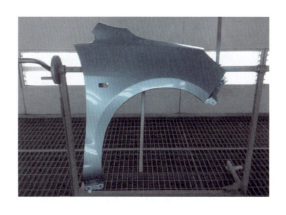

第六步　5S 整 理

六、任务评价表

任务评价表(满分100分)　　**完成时间**_____

考核时间	序号	项目	配分	评 价 标 准	得分
80 (min)	1	清洁	5	整个操作过程中有一次漏做扣4分	
				清洁除油方法不当每次扣1分	
				喷涂免磨中涂漆前,未使用水性清洁剂,或使用次序错误,扣4分	
	2	底材处理	15	工具、材料选用错误(例如使用灰色菜瓜布、3号打磨机等),扣1分	
				打磨机使用不当,角度大于15°,每发现一次扣1分	
				未使用研磨保护垫,扣2分	
				磨穿至金属,每1cm长度或1cm×1cm大小为一处,每处扣1分	
				研磨不足(橘皮未磨除/发亮)每1cm长度或1cm×1cm大小为一处,每处扣1分	
				裸露金属部位未补喷防锈底漆,每1cm长度或1cm×1cm大小为一处,每处扣1分	
	3	中涂漆喷涂	8	喷涂前未对工件粘尘扣2分	
				粘尘布使用方法错误,直接用拆封粘尘布对喷涂区域进行粘尘扣1分(未做充分展开动作)	
				中涂漆流挂、遮盖不完全等缺陷,每1cm长度或1cm×1cm大小为一处,每处扣1分	
	4	面漆喷涂过程	2	色漆或清漆喷涂时层间未闪干,扣1分	
				自身原因造成喷涂过程中研磨及补喷,扣1分	
	5	施工效果	60	底材处理效果:砂纸痕等缺陷,每5cm×5cm大小或每5cm长度之内为一处,每处扣2分	
				底色漆效果:露底、起花等缺陷,每5cm×5cm范围或第5cm长度之内为一处,每处扣3分	
				清漆效果:清漆漏喷、过薄、橘皮、流挂等缺陷,在边角或轮眉位置每5cm长为一处,每处扣2分;其他位置以每5cm×5cm范围为一处,每处扣3分	

续上表

考核时间	序号	项目	配分	评 价 标 准	得分
80 (min)	6	安全防护	5	整个操作过程中有一项防护用品穿戴错误或未穿戴,不得分	
	7	5S	5	中间过程中,出现不必要的吹尘,导致灰尘污染,每次扣1分 整体操作完毕,打磨机没有清洁去除灰尘扣1分 污染打磨机、手刨、红外线烤灯等,每污染一种扣1分 砂纸、菜瓜布等可继续使用耗材未放置于指定回收处位置扣1分	
	分数合计		100	总得分	

注:此任务评价表仅作为任务实施自查评价参考用,非比赛评分技术文件。

任务七　板块内过渡修补

一、任务说明

本项工作任务是在 95min 时间内（不含中涂漆、面漆烘烤时间），对已有涂层（包括底漆、中涂、面漆）的雪佛兰赛欧轿车右前翼子板的前部（距离至顶端 100mm 的部位）人工制作的损伤区域，进行必要的预处理作业，并在规定的范围内（不允许超过 50cm）完成色漆过渡修补喷涂，清漆整板喷涂，符合板块内过渡修补工艺流程及质量要求，如图所示。

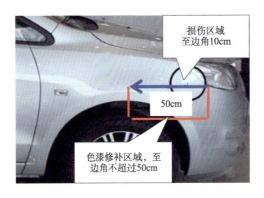

二、理论知识

在汽车局部修补涂装中，对颜色的一致性要求非常高，但要使颜色调配到完全相同是不可能的。而且在银粉漆、珍珠漆的修补中，除了所调配涂料的颜色对修补质量的影响外，喷涂过程中很多人为因素和环境因素也会导致颜色产生差异，所以在维修企业因这类颜色问题而产生返工的概率极高。为此，某些时候操作人员必须采用一些特殊的喷涂技巧来进行弥补，使修补部位与其周围未修补区域的颜色达到无差异的视觉感觉，我们将这种做法称之为"过渡修补"。

1. 过渡修补工艺的特点

喷涂颜色的过渡区域一般要采用"挑枪"的方法，即在喷涂时以肘部为轴，或摆动腕部，使喷枪对喷涂表面的喷涂距离发生圆弧形的变化，对需要色漆遮盖的区域距离近一些，喷涂比较厚，而对不需色漆遮盖的区域距离逐渐变远，漆雾逐渐变淡，这样将使颜色形成一个逐渐变化的过渡区，最终与周围未修补区域的颜色相融合，如图所示。

驳口操作方法

驳口部位的过渡也可以采用其他方法来实现，如采用许多短的行程，从中心部位向外喷涂。采用这种方法喷涂时，需要逐步扩大每一次的喷涂范围。每一次喷涂时都要适当调整喷枪的气压和扇面，使之逐渐变小，以达到喷雾渐渐变淡的目的，有时还要根据情况适当改变出漆量。

过渡区域的大小没有具体的规定，以颜色逐渐变化到视觉感觉无差异为好。通常，颜色调配得越准确，所需的过渡区域范围越小，反之则需要比较大的过渡区域才能弥补。

2. 过渡修补工艺的类型

过渡修补工艺根据损伤情况的不同，可分为点过渡、板块内过渡和板块间过渡修补三种。

（1）点过渡修补：主要针对处于车身中线以下的边角处，面积在 10cm² 以内的损伤，如保险杠边缘。这类过渡只对损伤的部位及其周围做小范围的修补即可，过渡尽量控制得小一些。在颜色能够充分融合的情况下尽量使过渡区域在冲压线或面积较小的部位作为过渡的终止位置，这样可以避免在颜色和涂膜纹理等方面出现明显的差异。

（2）板块内过渡修补：主要针对位于车身板块中间区域损伤的修复，如前后车门、翼子板中间部位。板块内过渡即指对整板进行修补喷涂，过渡区域应该控制在本板件范围之内，以板件边缘作为过渡终止位置，这种操作可最大限度地隐藏修补痕迹。

（3）板块间过渡修补：采用板块间过渡修补方法进行修补的损伤往往处于两板或两板以上的接缝处。为防止在车身接缝处产生明显的颜色差异，通常要将过渡区域扩大到相邻的板件以求得颜色的统一。在这种情况下，过渡终止的位置首先需要考虑的因素并不是颜色的一致性，而是在什么部位终止才能最大限度地隐藏过渡，不留下修补痕迹。

整板的面积越大，颜色过渡的空间也越大，效果越好，但如果在较大的平面上做过渡，会使整个平面的整体流平效果不一致，过渡区域毕竟是用雾喷的方法来完成的，流平效果要差一些，所以诸如发动机罩、车顶等板块不适宜采用"过渡修补工艺"进行修补。

3. 过渡修补工艺的优势

（1）采用过渡喷涂可减小色差，提高颜色的吻合度，从而减小因色差造成的返工风险。

（2）因为过渡喷涂的修补面积相对较小，可减小打磨的范围，缩短打磨的时间，降低操作人员的劳动强度。

（3）过渡修补时常常采用一些快干型涂料，从而提高维修效率，能够缩短修补的时间。

三、技术标准

1. 作业要求

（1）损伤区处理。在 40min 的作业时间内完成损伤部位的羽状边打磨、原子灰刮涂、原子灰研磨及喷涂中涂前的贴护。

（2）中涂漆喷涂。在 15min 的作业时间内完成中涂漆的喷涂。

（3）面漆预处理。在 15min 的作业时间内完成中涂漆及旧涂层的研磨和清洁作业。

（4）双工序面漆修补喷涂。在 25min 的作业时间内完成损伤区域底色漆的修补喷涂和整板的清漆喷涂。

2. 考核要点

（1）个人防护用品穿戴规范，安全操作。

(2)打磨工具操作规范。
(3)砂纸选用合理。
(4)羽状边边缘平顺无台阶。
(5)原子灰配比正确、调和均匀。
(6)原子灰刮涂的区域合理。
(7)原子灰打磨后恢复板件损伤前的形状,喷涂后不显现原子灰印。
(8)中涂漆喷涂膜厚均匀,干燥后无漏底、硬边、流挂等现象。
(9)中涂漆打磨后工件表面平滑,打磨彻底,无橘皮、磨穿、划痕等缺陷,为修补施涂创造良好的表面。
(10)面漆喷涂前表面清洁工作规范。
(11)面漆喷涂工艺规范,色漆修补范围合理(不超过板件50%)。
(12)涂膜干燥后,无失光、流痕、露底现象;涂层丰满、均匀、纹理细滑,看不出修补痕迹。
(13)操作完毕后,清洁工位,工具设备复位,废物统一放置在规定的废弃物容器内。

喷枪

喷枪气压表

菜瓜布

粘尘布

自喷罐侵蚀底漆

环氧底漆

四、所需工具、辅料和设备

圆形砂纸

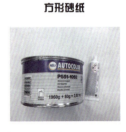
方形砂纸

赛欧轿车右前翼子板

翻转架

过滤网

原子灰

水性漆吹风筒

干磨设备

中涂漆

2K 极品清漆

◆ 任务七　板块内过渡修补

水性底色漆

油性除油剂

防护用品

打磨指示剂

水性清洁剂

清洁布

刮刀

吹尘枪

五、任务实施

第一步　实施前准备工作

1 试用工具、设备。

2 检查耗材是否齐全。

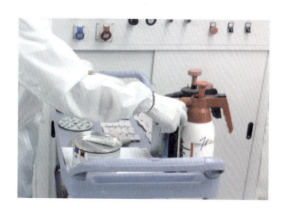

3 检查工件表面的状态。

操作提示

在板块内过渡修补操作中，其工件表面的损伤状态决定修复的工艺。如损伤面积的大小会直接影响到羽状边的研磨范围、中涂漆的喷涂范围，最终影响色漆过渡的范围和效果；损伤的深度会影响原子灰的施工次数等。

（1）检查待修补区域的损伤情况。

操作提示

可利用目测法或触摸法对工件的损伤部位进行评估，确保羽状边研磨的范围合适。

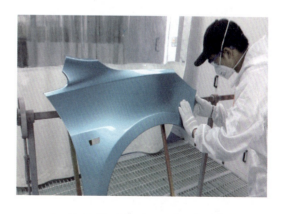

（2）检查翼子板其他部位有无划痕、凹坑等影响修补质量的缺陷存在。

经验总结

若在规定的修补区域外存在其他缺陷,及时与相关工作人员沟通协商,确定是否需要进行相应的处理。

第二步 预处理作业
（参考"任务一"）

1 工件表面的清洁。

(1)正确穿戴安全防护用品。

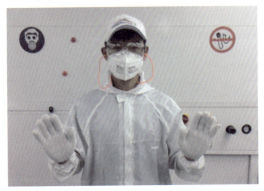

(2)用吹尘枪吹尘。

(3)更换防毒面具、耐溶剂手套。

(4)选用油性除油剂 P850-14/1402 进行除油处理。

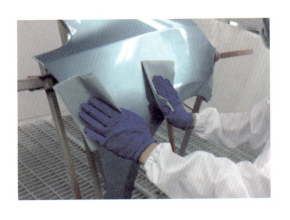

2 连接打磨工具。

(1)更换防护用品。

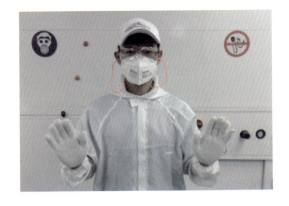

(2)选用5号或7号打磨机。

(3)连接打磨机。

3 清除损伤区域内的旧涂层。

操作提示

损伤区域内的旧涂层因受外力的冲击，容易出现开裂等缺陷，同时其附着力下降，若清除不彻底会影响后续施工的涂膜质量。

(1)选用P80砂纸。

(2)砂纸孔与打磨盘上的孔对齐。

(3)调节转速。

(4)用打磨机清除旧涂层。

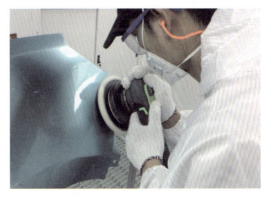

(5)用打磨机清除旧涂层后的效果。

> **经验总结**
>
> 旧涂层的清除范围应不小于损伤面积，但也不可过大，否则会减小色漆过渡的范围，增大修补的难度。最理想的状态是以恰好清除完损伤区域内的旧涂层为准。

（6）用 P80 砂纸手工清除凹坑内的旧涂层。

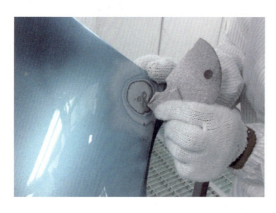

（7）旧涂层清除完的效果。

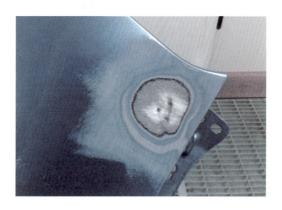

4 研磨羽状边。

（1）选用 P120 砂纸配合 5 号或 7 号打磨机。

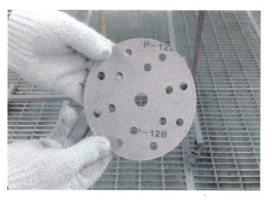

（2）研磨羽状边。

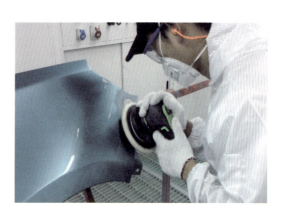

（3）检查羽状边研磨效果。

任务七 板块内过渡修补

(4)研磨好的羽状边。

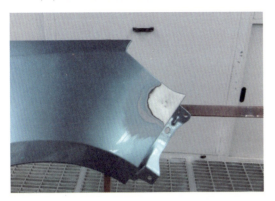

经验总结

在板块内过渡修补工艺中,研磨后的羽状边的范围大小应在其符合工艺要求的前提下控制得越小越好,这样能保证有足够的范围进行色漆的过渡。

5 研磨磨毛区域。

(1)选用 P180 砂纸。

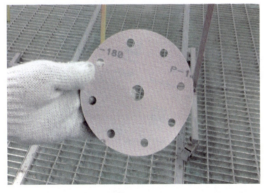

(2)研磨羽状边磨毛区。

(3)用红色菜瓜布研磨工件边缘。

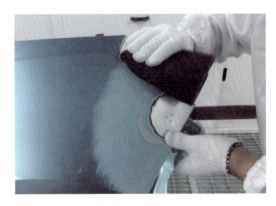

(4)羽状边磨毛区研磨后效果。

操作提示

研磨时必须将磨毛区范围内的漆面磨至哑光,否则会影响原子灰的附着力;同时不得磨穿清漆层,以免喷涂油漆后产生咬底的缺陷。

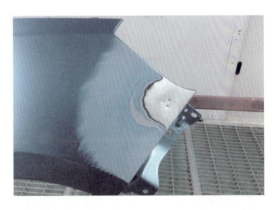

经验总结

磨毛区面积不宜过大,一般扩大 3 ~ 5cm,确保刮涂原子灰时不超出其范围即可。若磨毛区过大,同样会增加中涂漆喷涂的面积,减小色漆过渡的空间。

6 清洁工件。

(1) 除尘处理。

(2) 更换防护用品。

(3) 选用油性除油剂对修补区域进行除油处理。

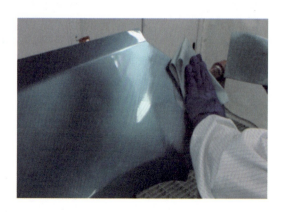

7 对裸露金属的部位施涂环氧底漆。

(1) 用清洁布蘸取少许调配好的 P565-895 环氧底漆。

(2) 在裸露的金属上均匀地涂抹一薄层环氧底漆。

(3) 环氧底漆涂抹后的效果。

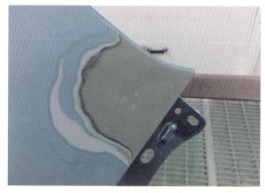

8 调配原子灰。

(1) 搓、捏固化剂,使固化剂均匀。

任务七 板块内过渡修补

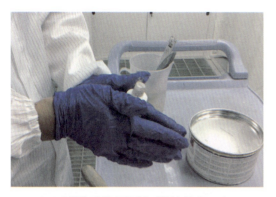

(2) 开罐后将原子灰搅拌均匀。

(3) 根据损伤情况,取适量的原子灰。

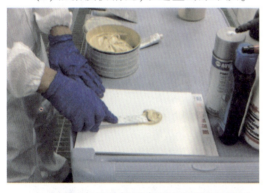

(4) 根据产品比例要求,取适量的固化剂。

(5) 将原子灰和固化剂混合均匀。

(6) 将原子灰收集在油灰刀上。

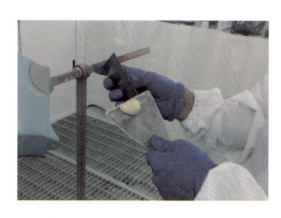

9 刮涂原子灰。

(1) 第一道薄刮,将原子灰压入凹坑内。

(2)第一道原子灰刮涂后的效果。

(3)第二道填补,将整个损伤区域填起。

(4)将原子灰边缘收薄。

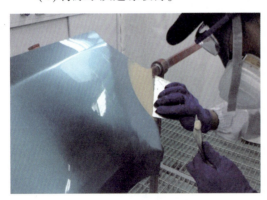

(5)原子灰刮后的效果。

操作提示

在进行板块内过渡修补操作时,原子灰施工后的面积大小将直接影响到色漆过渡的范围。为确保色漆有足够的过渡区域,原子灰的施工面积应越小越好,故原子灰刮涂后应以恰好覆盖羽状边为宜。

(6)原子灰的干燥。

10 清洗刮刀。

11 检查原子灰。

操作提示

检查原子灰是否干燥,是否将损伤区域

填起。若仍有凹陷存在,则需重复刮涂原子灰,直至填平损伤区域。

(2)施涂打磨指示层。

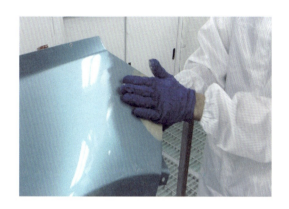

12　更换防护用品。

14　调节干磨设备。
(1)将模式开关调至 MAN 挡。

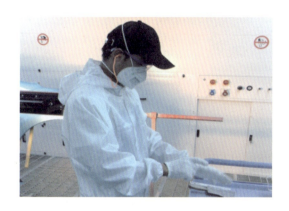

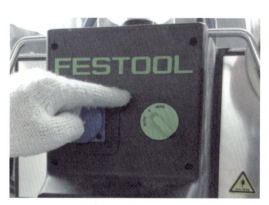

13　施涂打磨指示层。
(1)将炭粉挤在盖内。

(2)拉开吸尘阀。

15 连接手刨板。

16 粗磨原子灰。

(1)选用 P80 砂纸。

(2)将砂纸上的孔与手刨板上的吸尘孔对齐。

(3)调节吸力大小。

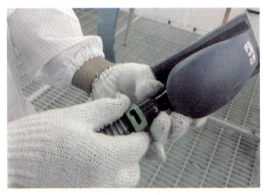

(4)粗磨原子灰。

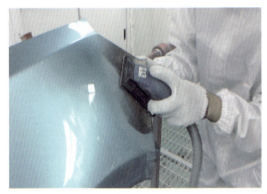

(5)用 P80 砂纸粗磨后的效果。

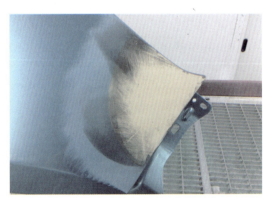

17 选用 P120 砂纸研磨原子灰。

(1)施涂打磨指示剂。

任务七 板块内过渡修补

(2)选用 P120 砂纸。

(3)用 P120 砂纸研磨原子灰。

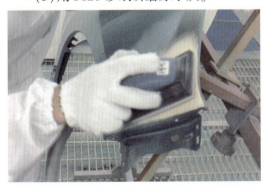

(4)检查平整度。

(5)用 P120 砂纸粗磨后的效果。

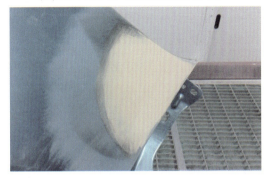

18 选用 P180 砂纸研磨原子灰。

(1)施涂打磨指示剂。

(2)选用 P180 砂纸研磨原子灰。

(3)用 P180 砂纸研磨原子灰后的效果。

19 选用P240砂纸精磨原子灰。

(1)施涂打磨指示剂。

(2)选用P240砂纸。

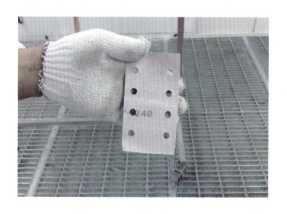

(3)用P240砂纸精磨原子灰。

(4)检查平整度。

20 选用P320砂纸研磨中涂漆喷涂区域。

操作提示

使用P320砂纸精磨原子灰区域,同时将磨毛区扩大至10~15cm。确保磨毛区研磨透彻,无橘皮、磨穿现象存在。

(1)选用P320砂纸。

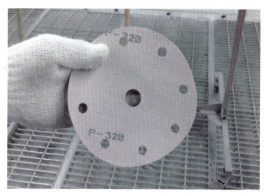

(2)用P320砂纸精磨整个原子灰打磨区域。

(3)用红色菜瓜布打磨边缘。

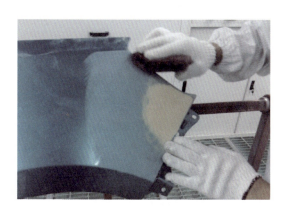

(4)打磨完毕后的效果。

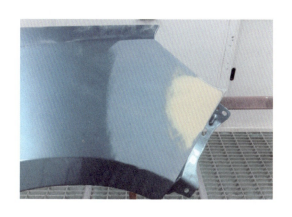

21 工件表面清洁。
(1)用吹尘枪吹尘。

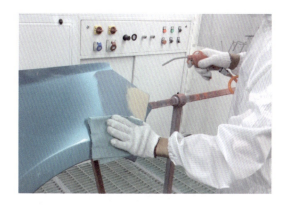

(2)更换防护用品。

(3)用油性除油剂除油。

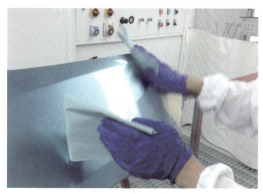

22 遮蔽。

操作提示

汽车修补喷涂时,为了保护修补部位以外范围不受漆雾、灰尘的污染,要对非修补区域进行覆盖保护,这就是所谓的遮蔽。遮蔽是非常重要的工作,所有修补涂装在喷漆前,都要对喷涂区域周围的区域进行遮蔽保护,修补面积较大或点较多时还需进行整车遮蔽。有时在清除修补区域旧涂层的作业和研磨、抛光等作业时也需要对相关部分进行遮蔽保护。

(1)进行反向遮蔽。

延伸拓展

常用的遮蔽方法有正向遮蔽法和反向遮蔽法。

正向遮蔽法是指遮蔽纸的外面朝外、里面朝里的一种遮蔽方法，这种方法在整喷时使用的最多，但对点修补或需要平滑过渡的喷涂则不适合，因其容易引起"台阶"。

反向遮蔽法是指先将遮蔽纸盖在待喷涂的部位，然后用胶带粘住遮蔽纸的一边，接着再将遮蔽纸沿着固定的这一边为轴翻转到非喷涂区域固定，使得遮蔽纸原来的里面朝外、外面朝里的一种遮蔽方法。这种方法可以减少"台阶"，让新涂层与旧涂层的边界过渡平滑，这在局部喷涂中使用的非常多。

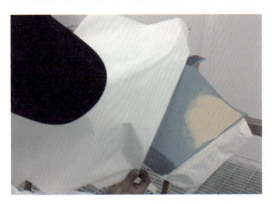

经验总结

为方便遮蔽操作，提高遮蔽的质量，操作时无需戴任何手套。遮蔽范围应在磨毛区内，在确保中涂漆喷涂后不产生台阶的前提下控制得越小越好。一般遮蔽范围距原子灰5～10cm为宜。

(2) 反向遮蔽后的效果。

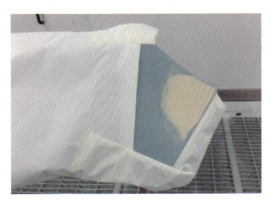

23 5S整理。

(1) 清洁打磨工具、材料等。

(2) 整理工位台。

第三步　中涂漆喷涂（参考"任务二"）

1 粘尘。

任务七 板块内过渡修补

2 在裸露的金属上喷涂侵蚀底漆。

(1)摇晃侵蚀底漆,直至听到钢珠撞击声。

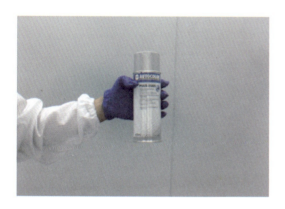

(2)薄喷一道。

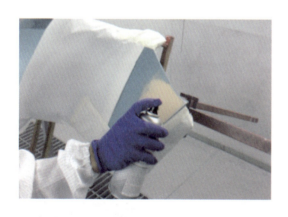

(3)侵蚀底漆喷涂后的效果。

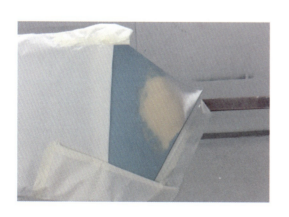

3 喷涂中涂漆。

操作提示

为确保色漆有足够的范围进行过渡,中涂漆喷涂的面积应越小越好,以恰好完全覆盖住原子灰为宜。同时,应选用合适灰度的中涂漆,以提高面漆的遮盖效果。

(1)喷涂第一道中涂漆。

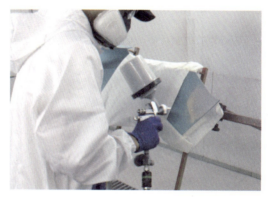

(2)第一道中涂漆喷涂后的效果。

经验总结

喷涂时可先在原子灰表面薄(雾)喷一层,无须闪干,马上再喷涂一中湿层将原子灰完全覆盖即可。

(3)喷涂第二道中涂漆。

操作提示

待前道闪干至哑光后,再喷涂一湿层,

以覆盖前一道中涂漆即可。

(4)第二道中涂漆喷涂后的效果。

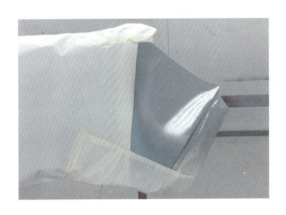

经验总结

中涂漆喷涂后表面应平整、光滑,无流挂、严重橘皮、"台阶"等缺陷存在。喷涂时尽量避免中涂漆喷到遮蔽纸上,否则即便采用反向遮蔽法仍会产生"台阶",致使涂膜过渡不平顺。如果产生"台阶",在研磨中涂时应彻底清除,以免喷涂面漆后产生明显的印痕。

实用技巧

喷涂时,喷枪可与工件成60°左右的夹角向遮蔽面倾斜,以短行程进行喷涂,能有效地控制喷涂范围,防止过多的漆雾飘散到遮蔽部位产生"台阶"。此操作需熟练控制喷枪板机的开启和关闭,否则容易产生流挂。

4 清除遮蔽。

经验总结

清除遮蔽前应让涂膜充分闪干,同时应遵循先贴后撕,后贴先撕的原则进行揭除,否则遮蔽材料粘连在一起,影响操作,容易刮伤涂膜。

5 中涂漆的干燥。

(1)红外线烤灯烘烤中涂漆。

(2)中涂漆干燥后的效果。

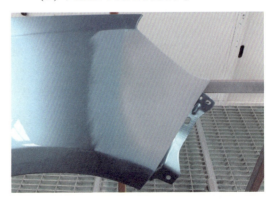

第四步 面漆预处理
（参考"任务三"）

1 中涂漆研磨。

（1）施涂打磨指示剂。

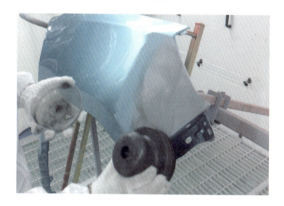

（2）选用P400砂纸连接手刨板，打磨原子灰施工区域。

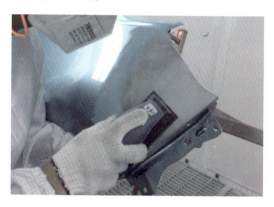

（3）手刨板配合P400砂纸打磨后的效果。

（4）施涂打磨指示剂。

（5）选用3号打磨机。

（6）粘接打磨盘保护垫。

（7）选用P500砂纸。

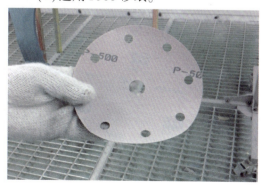

（8）粘接砂纸。

（9）研磨中涂漆。

操作提示

研磨时，需要适当扩大研磨范围至磨毛区以外，以消除粗砂痕。

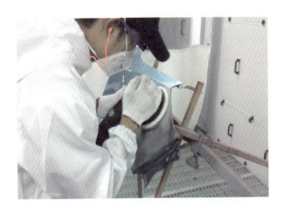

（10）用灰色菜瓜布研磨边缘。

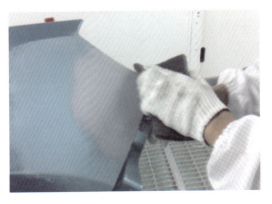

（11）中涂漆研磨完毕后的效果。

操作提示

研磨后的中涂漆表面应平整、光滑，无砂眼、颗粒、流挂等缺陷存在。同时不得磨穿至裸露金属或原子灰，否则需补喷侵蚀底漆予以覆盖，以防止面漆喷涂后产生印痕等缺陷。

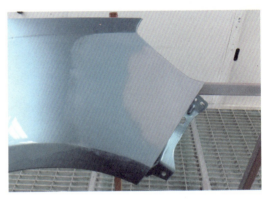

2 研磨旧涂层表面。

操作提示

在板块内过渡修补工艺中，原有的清漆层表面需重新喷涂清漆，为提高其附着力，需采用精磨砂棉或灰色菜瓜布配合水性研磨膏进行研磨。

无论是采用精磨砂棉还是灰色菜瓜布配合水性研磨膏进行研磨，都需要在工件上洒少量的水润湿表面，提高研磨效率，防止出现过粗的打磨痕迹。

（1）关闭干磨系统的吸尘功能。

操作提示

若采用机械研磨，必须将干磨系统的吸尘功能关闭，否则工件表面的水会被吸入干磨系统，造成吸尘管堵塞，甚至损坏干磨设备。

◆ 任务七　板块内过渡修补

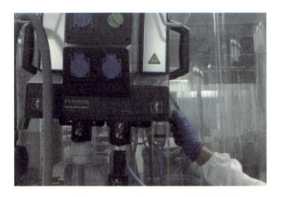

（2）选用 P1000 或 P1500 精磨砂棉。

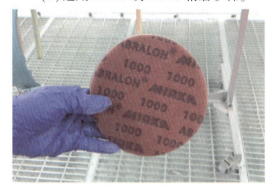

（3）粘接到 3 号打磨机上。

（4）在需研磨的部位喷上一层清水。

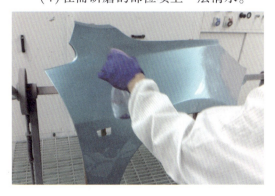

（5）在精磨砂棉上喷上适量清水。

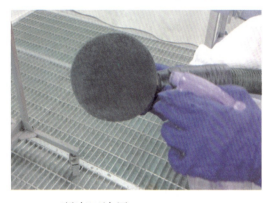

（6）研磨旧涂层。

经验总结

精磨砂棉的切削力较小，研磨时可适当多停留一段时间，以确保研磨充分。同时仍需注意不得将旧涂层磨穿，否则清漆喷涂后会产生印痕。

（7）取适量水性研磨膏放在灰色菜瓜布上。

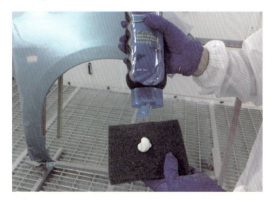

(8)喷上适量的清水。

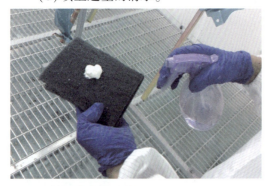

(9)研磨边缘部位。

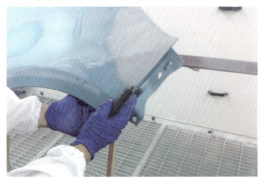

(10)研磨结束后,用毛巾将整个工件擦拭干净。

(11)检查研磨效果。

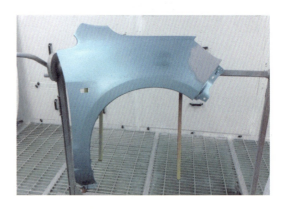

(12)对未研磨彻底的部位再次研磨。

(13)研磨完成后的效果。

操作提示

研磨后的旧涂层表面应哑光,无亮点、橘皮、粗砂痕、磨穿等缺陷。

3 清洁除油。

(1) 首先选用水性清洁剂进行清洁。

(2) 再选用油性除油剂进行清洁。

4 板件转移。

操作提示

将板件移至喷烤漆房后再整理工具设备、工位等,防止板件被二次污染。

第五步 面漆喷涂
(参考"任务四")

1 粘尘。

2 喷枪调节。

操作提示

局部修补时,应根据修补的面积大小及喷枪的类型来确定喷枪的调节参数。本次操作以 SATA jet 4000 B HVLP WSB 喷枪为例,遮盖层喷涂时具体调节可参考下表。

	出漆量	扇面	气压
遮盖层喷枪调节	打开1~1.5圈	打开3/4	120~130kPa

(1) 将喷涂扇幅打开至3/4左右。

(2)将出漆量调节至1~1.5圈。

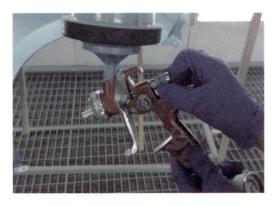

(3)将气压调至120~130kPa。

3 底色漆喷涂。

操作提示

常规颜色(遮盖力强)喷涂方法参考下表。

喷涂方法	纯底色(除红/黄)		珍珠或银粉		
喷涂	层数	双层	双层		单层
	方式	半干	半湿	半干	半湿	雾喷
	强制干燥	—	吹干	—	吹干	吹干

(1)喷涂第一道半干层。

操作提示

在板块内过渡修补工艺中,第一道半干层只需喷涂中涂漆部位即可。第一道半干层喷涂完毕后,不需要闪干,直接喷涂第二道半湿层。

实用技巧

喷涂时,喷枪可与工件成60°左右的夹角向非喷涂区域倾斜,以短行程进行喷涂控制范围。

Aquabase PLUS 水性底色漆半干层的修补喷涂方法可参考下表。

喷涂距离(cm)	喷涂速度(cm/s)	扇面重叠
20~25	40~50	2/3
15~20	60~80	1/2

(2)第二道半湿层喷涂。

操作提示

半湿层喷涂时,涂膜应带一点湿润但不能全湿,否则影响干燥时间。同时须将中涂漆完全遮盖,并以"挑枪"的手法适当扩大喷涂范围直至覆盖P500砂纸研磨的区域,以达到颜色过渡的目的。

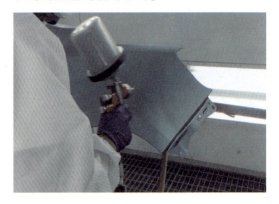

任务七 板块内过渡修补

> **经验总结**
>
> 若所喷涂的底色漆的遮盖力较差,第二道半湿层无法完全遮盖中涂漆,此时只需再次覆盖中涂漆即可,待第二道半湿层闪干后,再喷涂一道半湿层,并进行"挑枪"过渡。
>
> 喷涂遮盖力差的颜色(红/黄)时,应在喷涂底色漆之前按配方建议喷涂相应灰度的中涂漆,这样可减少半湿层的喷涂次数,节省材料,提高面漆的最终质量。

(3)第二道半湿层喷涂后的效果。

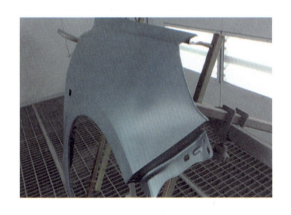

(4)干燥。

(5)干燥后的效果,达到100%遮盖。

(6)粘尘。

> **操作提示**
>
> 过渡修补工艺中采用的"挑枪"的手方往往会使较多的漆雾附着在工件表面。喷涂下道油漆前,可用粘尘布轻轻擦拭去除漆雾,以免喷涂清漆后产生黑圈、纹理不均等缺陷。

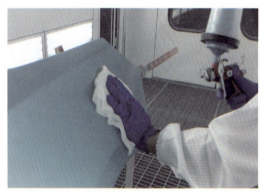

(7)效果层喷涂(雾喷)。

> **操作提示**
>
> 在过渡修补工艺中,喷涂效果层主要是用来匹配原有面漆,因此喷涂时应按要求调整喷枪参数,雾喷一单层即可。
>
> 以使用 SATA jet 4000 B HVLP WSB 喷枪为例,具体调节参考下表。

效果层喷枪调节	出漆量	扇面	气压
	打开1圈	全开	110~120kPa

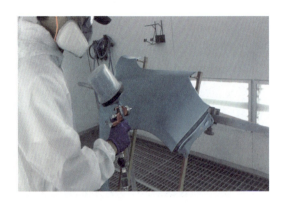

实用技巧

喷涂范围需覆盖之前的底色漆,并在允许的范围内适当进行"挑枪"过渡。

Aquabase PLUS 水性底色漆效果层的喷涂方法可参考下表。

喷涂距离 (cm)	喷涂速度 (cm/s)	扇面重叠
20~25	50~60	2/3
15~20	60~80	1/2

(8)效果层喷涂后的效果。

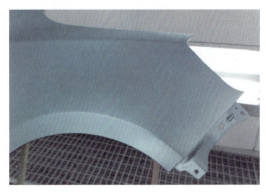

(9)干燥。

(10)干燥后的效果。

实用技巧

底色漆修补后如果有较明显黑圈,可用 P1500 精磨砂棉在黑圈处轻轻研磨,去除排列不规则的银粉,以提高修补效果。注意:研磨前必须等色漆彻底干燥;研磨时用力要轻,接触面要大,同时不得加水研磨。

经验总结

若在喷涂清漆后发现以上问题,再次训练时应以不同的修补手法喷涂两件工件,以进行对比总结,选择最终过渡效果好的方法。

4 喷涂 P190—6850 极品清漆。

(1)粘尘。

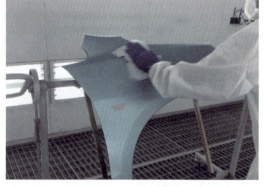

(2)在底色漆修补区域处喷涂一薄层清漆。

操作提示

因喷涂过底色漆的区域的表面粗糙度

大于旧涂层区域,如果整个工件以相同的手法喷涂清漆,会使清漆流平不一致,导致最终漆面的纹理不均,影响效果。

(5)第二道清漆喷涂后的效果。

(6)静置,闪干。

经验总结

可先喷一薄层清漆覆盖底色漆,然后马上对整个工件喷一中湿层清漆,使两个区域的清漆厚度不同,提高底色漆修补区域的清漆流平效果,达到调整纹理作用。

在喷涂清漆后如发现纹理差异大,再次训练时应以不同的湿度喷涂第一道清漆,以进行对比总结,选择最终纹理效果好的清漆湿度。

(3)喷涂后的效果。

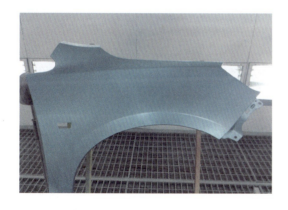

(7)第三道清漆喷涂。

操作提示

喷涂一全湿层,使整个工件的边缘及正面的涂膜具有良好的光泽和丰满度。

(4)第二道清漆整板喷涂。

操作提示

底色漆修补区域喷涂一薄层清漆后可马上对整板喷涂一中湿层清漆。

(8)喷涂后的效果。

第六步　5S 整理

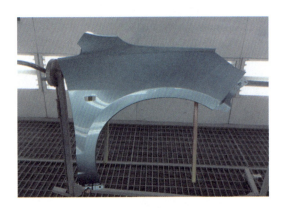

六、任务评价表

任务评价表（满分 100 分）　　完成时间_____

考核时间	序号	项目	配分	评 价 标 准	得分
95 (min)	1	清洁	3	整个操作过程中有一次漏做扣 3 分	
				清洁除油方法不当每次扣 1 分	
	2	中涂预处理	15	工具、材料选用错误(例如使用红色菜瓜布、7 号打磨机等)，扣 1 分	
				打磨机使用不当，角度大于 15°，每发现一次扣 1 分	
				羽状边研磨不当，如有台阶、旧漆残留等，每项扣 2 分	
				原子灰刮涂不当，如调配比例不当、厚边、浪费等，每项扣 2 分	
				原子灰打磨未用指示层扣 1 分；打磨后平整度差，轻微的扣 1~5 分，严重的扣 5~15 分	
	3	中涂漆喷涂	4	喷涂前未对工件粘尘扣 2 分	
				粘尘布使用方法错误，直接用拆封粘尘布对喷涂区域进行粘尘扣 1 分(未做充分展开动作)	
				中涂漆流挂、遮盖不完全等缺陷，每 1cm 长度或 1cm×1cm 大小为一处，每处扣 1 分	

任务七 板块内过渡修补

续上表

考核时间	序号	项目	配分	评 价 标 准	得分
95 (min)	4	面漆预处理	6	工具、材料选用错误(例如使用灰色菜瓜布、3号打磨机等),扣1分	
				研磨不足(橘皮未磨除/发亮)每1cm长度或1cm×1cm大小为一处,每处扣1分	
				裸露金属部位未补喷防锈底漆,每1cm长度或1cm×1cm大小为一处,每处扣1分	
				清漆层磨穿,每1cm长度或1cm×1cm大小为一处,每处扣1分	
	5	面漆喷涂过程	2	色漆或清漆喷涂时层间未闪干,扣1分	
				自身原因造成喷涂过程中研磨及补喷,扣1分	
	6	施工效果	60	底色漆过渡超过要求范围,取消效果分评分资格	
				底色漆效果:露底、起花等缺陷,每5cm×5cm范围或第5cm长度之内为一处,每处扣3分	
				修补效果:过渡痕迹不明显扣1~20分;过渡痕迹较明显(可交车)扣20~40分;过渡痕迹非常明显(不可交车)取消效果分评分资格	
				底材处理效果:砂纸痕等缺陷,每5cm×5cm大小之内一片,或每5cm长度之内一处,均扣2分	
				清漆效果:清漆漏喷、过薄、橘皮重、流挂等缺陷,在边角或轮眉位置每5cm长为一处,每处扣2分;其他位置以每5cm×5cm范围为一处,每处扣3分	
	7	安全防护	5	整个操作过程中有一项防护用品穿戴错误或未穿戴,不得分	
	8	5S	5	中间过程中,出现不必要的吹尘,导致灰尘污染,每次扣1分	
				整体操作完毕,打磨机没有清洁去除灰尘扣1分	
				污染打磨机、手刨、红外线烤灯等,每污染一种扣1分	
				砂纸、菜瓜布等可继续使用耗材未放置于指定回收处位置扣1分	
		分数合计	100	总得分	

注:此任务评价表仅作为任务实施自查评价参考用,非比赛评分技术文件。

任务八　图　案　制　作

一、任务说明

本项工作任务是在 5h（不含面漆烘烤时间）时间内，对已有面涂层的新款君越轿车右前门进行面漆研磨、清洁作业，然后根据图样要求绘制图案，再选用合适的方法对图案进行贴护、喷涂色漆，最后整板喷涂清漆，符合图案制作的工艺流程及质量要求，如图所示。

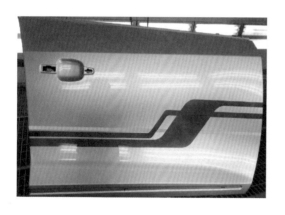

二、理论知识

图案制作是一种艺术表现形式，它源于人们对于精神享受、艺术理念的追求。

在我国，汽车的保有量不断增加，私家车已逐步成为人们的代步工具，人们开始享受汽车这种交通工具带来的便利。人们在物质财富满足的情况下，精神财富的追求促使着汽车美容、汽车改装行业的火爆。图案制作就在这样的诉求下展现了它独特的个性魅力，开始不断满足人们的这种需求。但需要注意符合国家的相关法规政策。

图案制作根据工艺要求可分为画线制作、模板转移喷涂和直接喷绘三种。

画线制作：是指利用铅笔、直尺等绘图工具，在工件表面绘制所需图案，并按图案要求对其进行贴护后，采用相应的方法喷涂涂料进行着色而形成图案的方法。这种方法适合绘制一些线条简单的图案，如国旗等。

模板转移喷涂：是指将预先制作好所需图案的不干胶纸贴在工件表面，把刻好的图案揭除，再根据需要喷涂不同颜色的涂料而形成图案的方法。此种方法可制作比较复杂的图案。

直接喷绘：是指根据用户需求，利用喷笔等专用工具在工件上进行"作画"，这种方法较难掌握，需要一定的美术基础。

三、技术标准

1. 作业要求

在 5h 内完成以下工作：

（1）对板件表面进行清洁、研磨等预

处理。

(2)按要求在板件上确定绘图的基准线,并根据基准线绘制图案,见施工图样。

注:本次作业门板右底边端点上去6cm处,左底边端点上去8cm处的连接线为基准线(A)。

(3)根据色漆颜色确定喷涂顺序,并进行贴护和喷涂。

(4)清漆整板喷涂。

2.考核要点

(1)个人防护用品穿戴规范,安全操作。

(2)打磨工具操作规范。

(3)打磨后工件打磨彻底,无露底、无橘皮、无磨穿、无粗砂痕迹,为图案质量打下良好的基础。

(4)颜色完全遮盖,无漏喷、露底等缺陷。

(5)所喷涂的图案边缘整齐,无缺口、锯齿状、毛边等缺陷。

(6)绘制后的图案尺寸误差在规定值内。

(7)喷枪调整规范,喷涂工艺规范。

(8)清漆涂膜平滑,纹理均匀一致,无橘纹重、失光及流挂等缺陷。

(9)操作完毕后,工位清洁,工具设备复位,废物统一放置在规定的废弃物容器内。

四、所需工具、辅料和设备

干磨设备

喷漆

喷枪气压表

灰色菜瓜布

粘尘布

过滤网

水性底色漆

精磨砂棉

2K极品清漆

油性除油剂

新君越轿车右前门板

翻转架

防护用品

水性清洁剂

胶带、直尺和铅笔等。

五、任务实施

第一步 实施前准备工作

1 试用工具、设备。

2 查看工具、耗材是否齐全。

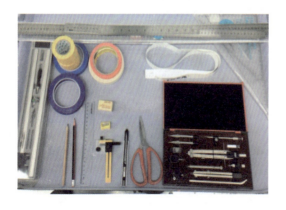

3 检查门板有无划痕、凹坑等影响操作的缺陷存在。

经验总结

上述检查必须认真仔细,如果工件表面有缺陷存在,需要与相关人员确定应如何进行下一步操作,以免影响图案质量。

第二步 预处理作业

1 表面清洁。

（1）正确穿戴安全防护用品。

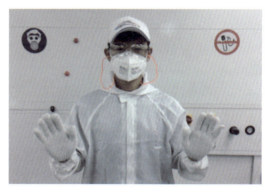

（2）使用吹尘枪对门板表面进行除尘处理。

（3）更换防毒面具、耐溶剂手套。

（4）采用油性除油剂进行除油处理。

2 研磨门板图案区域。

> **操作提示**
>
> 门板表面原本有涂层，施工中，为确保新喷涂油漆有良好的附着力需要对原涂层进行适当的研磨。

（1）更换防护用品。

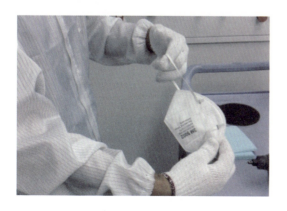

（2）选用3号打磨机。

> **操作提示**
>
> 图案区域需要喷涂色漆和清漆，其余部位只需要喷涂清漆即可，因此应选用较细的研磨材料和3号磨机进行作业。

（3）将打磨保护垫贴在打磨盘上。

（4）将P500~P800砂纸粘贴在打磨保护垫上。

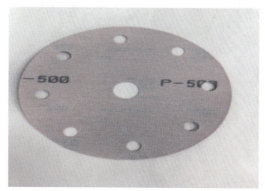

经验总结

研磨图案区域的干磨砂纸应以 P500～P800 为宜。砂纸选用过粗，施工会容易产生砂痕印；砂纸选用过细，会影响新喷涂油漆的附着力。

(5) 研磨图案区域。

经验总结

先用直尺大致量出图案区域，打磨范围比图案区域大 5 cm 左右即可。图案区域只需打磨哑光即可，不易长时间打磨，以免磨穿旧涂层。

3 研磨门板非图案区域。

(1) 更换 1000～1500 精磨砂棉。

(2) 使用精磨砂棉打磨工件表面。

操作提示

将图案以外的区域研磨至哑光。

(3) 研磨门板边角等部位。

操作提示

在边角等部位喷上清水后用精磨纱棉手工打磨。

(4) 表面清洁。

经验总结

研磨结束后仔细检查原涂层的研磨情况，由于精磨砂棉打磨时对板件喷上了一层水,板件表面有水是无法检查板件打磨质量的,所以检查前必须先对板件进行清洁,再做检查。若有未研磨彻底(有亮点、橘皮)的部位,则需用精磨砂棉再次研磨,直至整个工件的原涂层表面无亮点、橘皮为止。

第三步 图案线条绘制

1 按要求画出基准线。

操作提示

先画出门板的基准线(A),然后根据基准线(A)来绘制图案。注:本次作业门板右底边端点上去6cm处,左底边端点上去8cm处连接线为基准线(A)。

2 根据图案尺寸先绘制所有横线。

操作提示

此图案可先画出所有横线,再根据横线画出垂线和斜线。要求每条线的尺寸误差在±1mm之内。

经验总结

画线时应根据基准线(A)依次画出其他水平直线B、C、D、E、F、G、H、I、J、K、L(见附图一)。如果遇到大曲面直尺无法准确测量,为了确保测量尺寸的准确性,建议使用软尺或纸尺测量。

要点说明

画横线时,有两种方法可以使用:

方法一:以A为基准作B线,以B为基准作C线,依此类推。但这个方法容易产生误差,且误差值可能会越积越大。例如:第一个尺寸A、B有0.5mm的误差,那么导致第二个尺寸B、C也会有误差,最终导致整个图案尺寸有误差。

方法二:以A为基准按尺寸要求画出B线,画C线时,需要将A、B之间的尺寸加上B、C之间的尺寸画出C线,画出其他每一条横线时都需要加上之前的尺寸。此方法不会累计误差值,但容易出现数据计算错误。

3 绘制垂线和斜线。

操作提示

先沿着板件左边缘画出一条与A线相垂直的垂线(T),根据尺寸由T线往右边测量并画出与A线相垂直的垂线(M、N),由N线与L线相交的V点和M线与B线相交的U点相连接画出斜线(O),然后根据尺寸依次与O线平行画出(P、Q、R、S)四条斜线,(见附图二)。

4 绘制圆弧。

操作提示

圆弧绘制方法:找出K线与S线的平分线Z,圆心在Z线上,用圆规根据图案尺寸在Z线上绘制圆弧,(见附图三)。

经验总结

圆规使用时,不能太用力按压,防止圆规尖角破坏油漆表面出现缺陷。

第四步 图案贴护及喷涂

1 对图案以外的区域进行贴护。

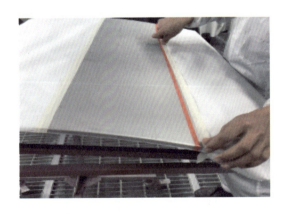

经验总结

贴护时,先贴护图案区域外的部位,这样后面的贴护就只需要在图案区域内进行小范围的贴护即可。这样会节省时间和材料。

2 对第一种颜色喷涂的区域进行贴护。

操作提示

为了各个颜色的边缘整齐及图形之间的连贯性,贴护时尽量不要把两个颜色连接处放在同一点上,先喷涂的颜色要稍微越过标准尺寸2mm左右,喷涂第二个颜色时必须根据标准尺寸贴护,这样两个颜色的连接处就不在同一个点,接口处就会比较平滑整齐。同时,喷涂时应先选择遮盖力差的颜色先进行喷涂,有利于颜色遮盖。

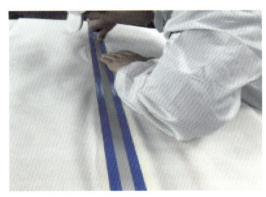

经验总结

本次图案可先喷涂白色,再喷涂蓝色,最后喷涂绿色。

如需使用裁纸刀时,请注意不能太用力按压,只需要把胶带割破即可,防止刀口对板件表面油漆造成损坏。

贴直线和弧形线条时,可以选择线条胶带,线条胶带柔软性比较高,胶带边缘要比普通纸胶带整齐,这样贴弧形时不容易起皱。如果选用一般的纸胶带,那么贴弧形时,胶带边缘会起皱或导致油漆边缘不整齐。

线条胶带使用时不能太用力拉扯,如果

太用力拉扯会导致线条变形和喷涂时胶带收缩等情况。

3 对第一种颜色喷涂区域进行粘尘。

经验总结

粘尘时要再次仔细检查胶带边缘和贴护范围,防止胶带边缘剥离或贴护不到位。

4 喷涂第一种颜色。

操作提示

底色漆不能喷涂太湿,否则会造成涂膜太厚,干燥速度慢;如果喷涂太干,则会造成涂膜粗糙,边缘不齐整等缺陷。

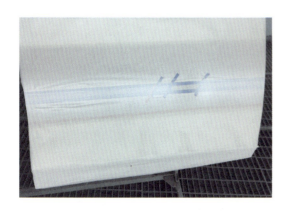

经验总结

喷涂 Aquabase PLUS 水性素色底色漆时,应先喷涂一层半干层,再喷涂一层中湿层即可。如果颜色没有达到遮盖要求,闪干后还需再次喷涂中湿层,直至完全遮盖。

5 对喷涂的色漆进行烘烤。

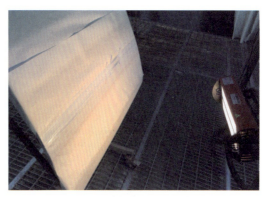

经验总结

烘烤时,板件表面温度不能太高,温度太高会引起遮蔽胶带脱胶等问题。

6 干燥后揭除图案区域内的遮蔽纸和胶带。

经验总结

烘烤结束后必须要对板件降温,如果板件温度过高会使色漆变软,在揭除胶带时会导致油漆边缘不齐整等缺陷。

7 对第二种颜色喷涂的区域进行贴护。

车身涂装指南

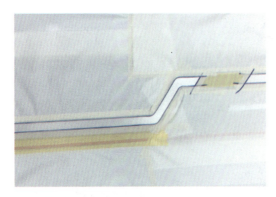

8 对第二种颜色的区域进行粘尘。

9 喷涂第二种颜色。

10 对喷涂的色漆进行烘烤。

11 烘烤结束后揭除遮蔽纸和胶带。

12 对第三种颜色喷涂的区域进行贴护。

13 对第三种颜色的区域进行粘尘。

♦ 任务八 图案制作

14 喷涂第三种颜色。

15 对喷涂的色漆进行烘烤。

16 烘烤结束后揭除遮蔽纸和胶带。

第五步 喷涂清漆
（参考"任务七 清漆喷涂"）

1 表面清洁。

操作提示

除新喷涂的色漆区域外，其他区域都有贴护后胶带残留的胶质及油污等脏物质存在，所以必须要使用油性除油剂清洁。

2 喷枪的选用与调节。

3 对板件进行粘尘。

4 清漆喷涂。
（1）喷涂第一道清漆（中湿层）。

车身涂装指南

经验总结

对于 P190—6850 清漆而言,第一道清漆应喷涂一中湿层,达到较好的光泽即可。此道清漆只需喷涂图案区域即可,不必喷涂其他区域,这样更节省材料,橘纹会更均匀。

(2)层间闪干。

(3)第二道清漆喷涂(全湿层)。

(4)喷涂完毕。

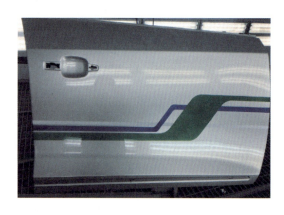

5 5S 整理。

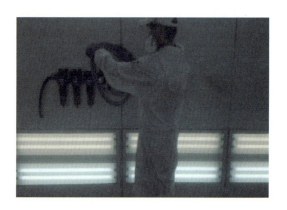

六、任务评价表

任务评价表(满分100分)　　完成时间_____

考核时间	序号	项目	配分	评 价 标 准	得分
5h	1	清洁	15	整个操作过程中有一次漏做扣4分	
				清洁除油方法不当每次扣1分	

续上表

考核时间	序号	项目	配分	评 价 标 准	得分
5h	2	底材处理	15	工具、材料选用错误（例如使用灰色菜瓜布、3号打磨机等），扣1分	
				打磨机使用不当，角度大于15°，每发现一次扣1分	
				未使用研磨保护垫，扣2分	
				磨穿至金属或底色漆，每1cm长度或1cm×1cm大小为一处，每处扣1分	
				研磨不足（橘皮未磨除/发亮）每1cm长度或1cm×1cm大小为一处，每处扣1分	
	3	施工效果	60	图案虚喷：每1mm长度或1mm×1mm大小为一处，每处扣0.25分	
				边线齐整：每1mm长度或1mm×1mm大小为一处，每处扣0.5分	
				尺寸测量：每一条边线尺寸误差大于1mm扣5分	
				清漆：橘皮、失光、咬底等缺陷，每1cm长度或1cm×1cm大小为一处，每处扣1分	
	4	安全防护	5	整个操作过程中有一项防护用品穿戴错误或未穿戴，不得分	
	5	5S	5	中间过程中，出现不必要的吹尘，导致灰尘污染，每次扣1分	
				整体操作完毕，打磨机没有清洁去除灰尘扣1分	
				污染打磨机、红外线烤灯等，每污染一种扣1分	
				砂纸、菜瓜布等可继续使用耗材未放置于指定回收处位置扣1分	
	分数合计		100	总得分	

注：此任务评价表仅作为任务实施自查评价参考用，非比赛评分技术文件。

施工图样如下。

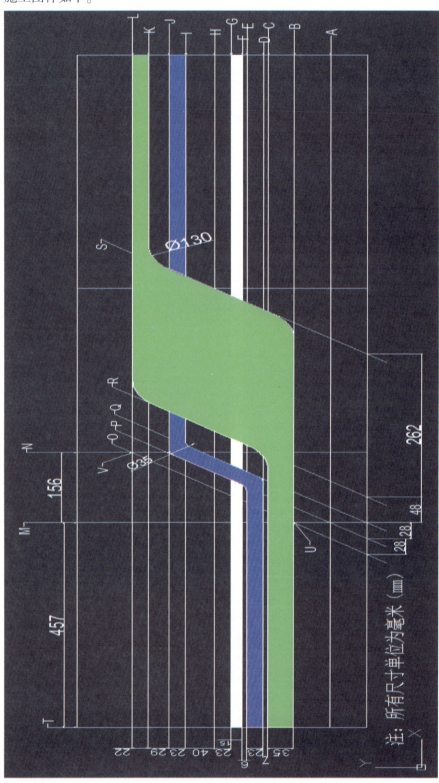

任务八 图案制作

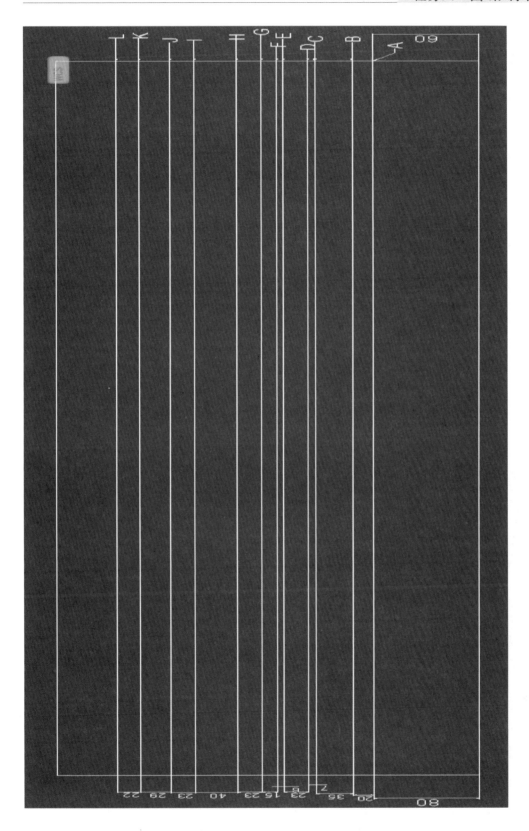

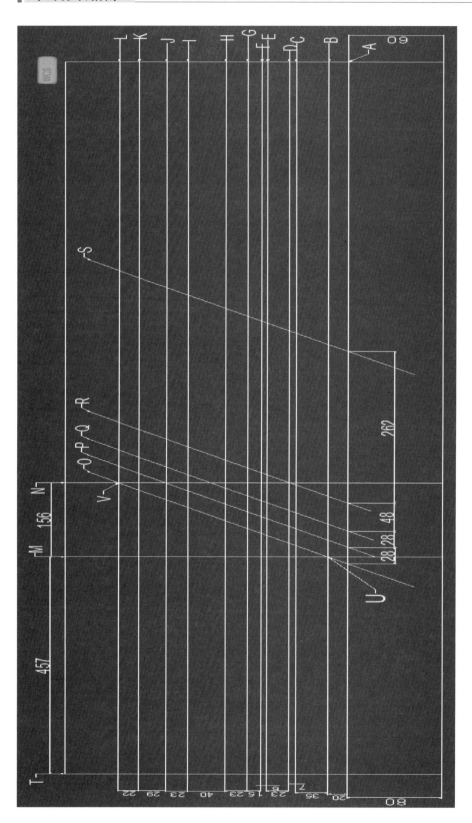

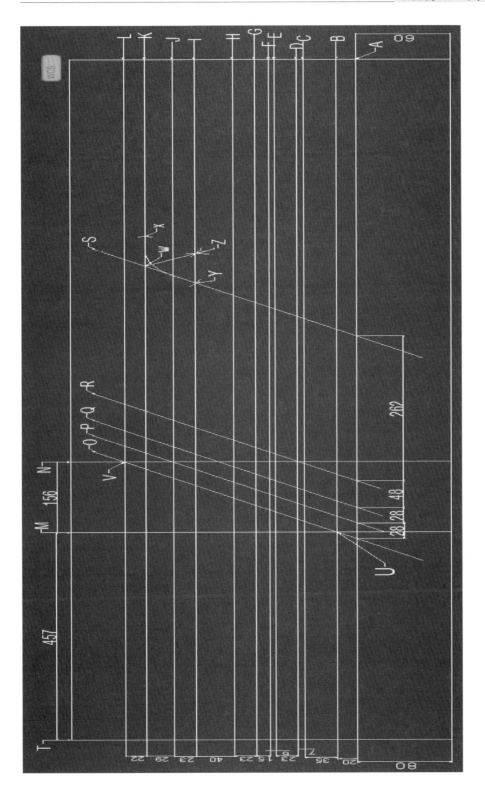

附录　精选试题及解析

一、单项选择题

1.沿海地区的金属腐蚀速度和内陆干燥地区相比(　　)。

　　A.要快　　　　　　　　B.要慢　　　　　　　　C.一样

解析:此题答案为 A。

沿海地区由于海水中存在大量的盐类化合物,盐类化合物含有金属阳离子,空气中的水蒸气即存在大量的金属阳离子,与金属构成了原电池反应,导致金属腐蚀速度较快;而内陆干燥地区空气中的水蒸气存在的金属离子较少,且空气中水分较少,不易构成原电池反应,所以沿海地区的金属腐蚀速度比内陆干燥地区快。

2.车身涂装形成的涂膜,其主要作用是起(　　)。

　　A.防尘　　　　　　　　B.防腐　　　　　　　　C.防水

解析:此题答案为 B。

汽车车身材料主要是金属底材,如果没有涂膜保护,容易被空气中氧气、水蒸气、盐类等腐蚀;同时车身涂膜是可以分为溶剂挥发型、氧化聚合型、固化反应型、高温聚合型几类,无论是哪类成膜方式形成的车身涂膜在物理和化学性能上都是比较稳定的,在空气中可以起到防腐的作用。所以车身涂膜主要作用为防腐,A 项和 C 项不是主要作用,B 项目为正确选项。

3.下列对金属的腐蚀影响最大的物质是(　　)。

　　A.二氧化碳　　　　　　B.酸雨　　　　　　　　C.水

解析:此题答案为 B。

A 项在常温下不具有氧化性,对金属无影响;B 项中存在的酸会和金属发生化学反应,对于金属腐蚀最严重;C 项和酸雨相比,对金属腐蚀程度较小。

4.蒸馏水 pH 值等于(　　)。

　　A.4　　　　　　　　　　B.7　　　　　　　　　　C.9

解析:此题答案为 B。

A 项 pH<7 为酸性物质,B 项 pH=7 为中性物质,C 项 pH>7 为碱性物质,因为蒸馏水为中性物质,所以蒸馏水 pH 值等于7。

5.引发酸雨的二氧化硫中2/3的硫产生的原因是(　　)。

　　A.煤、石油、天然气的燃烧　　B.汽车尾气　　　　　　C.火山及森林大火解析:此题答案为 A。

A 项中煤、石油、天然气中含有大量的硫化物,燃烧后产生二氧化硫,和空气中氧气、水蒸气发生反应生成酸雨;B 项中汽车尾气为一氧化碳、二氧化碳等物质;C 项中产生主要是二氧化碳。

6. 下列选项中,最容易与盐酸反应,置换出盐酸中氢离子的是(　　)。

　　A. Fe　　　　　　　　B. Ag　　　　　　　　C. K

解析:此题答案为 C。

按照金属活动性顺序表,金属活动性的大小为 K＞Fe＞Ag,金属活动性越强,则越容易从盐酸中置换出氢离子,所以三个选项中应该选择 C 项。

7. 碳钢在水和氧气作用下,形成腐蚀电池。其中,阳极为(　　)。

　　A. 铁　　　　　　　　B. 碳　　　　　　　　C. 氧

解析:此题答案为 A。

碳钢在水和氧气作用下,形成了原电池。阳极为铁,发生氧化反应生成铁离子,阴极为碳,氧气和水发生还原反应生成氢氧根离子,所以选择 A 项。

8. pH 值为 4 的酸液的酸性相当于 pH 值为 6 的酸液的(　　)。

　　A. 100 倍　　　　　　B. 10 倍　　　　　　C. 1000 倍

解析:此题答案为 A。

$pH=4$,氢离子浓度为 10^{-4};$pH=6$,氢离子浓度为 10^{-6};氢离子浓度即为溶液的酸度,所以 pH 值为 4 的酸液的酸性相当于 pH 值为 6 的酸液的 100 倍,所以选择 A 项。

9. 结构相似,组成上相差一个或若干个原子团—CH_2的物质互称为(　　)。

　　A. 同分异构体　　　　B. 同系物　　　　　　C. 异构体

解析:此题答案为 B。

A 项同分异构体为分子式相同,但结构不同的有机化合物;C 项异构体指的是含有相同的化学元素,但结构不同的物质;B 项同系物指的是结构相似,组成上相差一个或若干个原子团—CH_2的物质,所以选择 B 项。

10. 不饱和键的碳原子和其他原子或原子团直接结合生成其他物质的反应称为(　　)。

　　A. 聚合反应　　　　　B. 缩聚反应　　　　　C. 加成反应

解析:此题答案为 C。

A 项聚合反应是由单体合成聚合物的反应过程,一种单体的聚合均称聚合反应,产物均称聚物;B 项缩聚反应是具有两个或两个以上官能团的单体,相互反应生成高分子化合物,同时产生有简单分子(如 H_2O、HX、醇等)的化学反应;C 项加成反应是一种有机化学反应,它发生在有双键或三键(不饱和键)的物质中,不饱和键的碳原子和其他原子或原子团直接结合生成其他物质。所以选择 C 项。

11. 烷烃的化学键都是(　　)。

　　A. 饱和键　　　　　　B. 不饱和键　　　　　C. 非饱和键

解析:此题答案为 A。

烷烃(饱和烃)是只有碳碳单键和碳氢键的链烃,是最简单的一类有机化合物。烷烃分子里的碳原子之间以单键结合成链状(直链或含支链)外,其余化合价全部为氢原子所饱和。

12. 醛和酮在强氧化剂的作用下可生成( )。
    A. 酸　　　　　　　　B. 酚　　　　　　　　C. 醇

解析：此题答案为 A。
醛容易被氧化为羧酸，这反映出醛基的不稳定性和化学活泼性。在空气中，醛可被 O_2 按自由基反应机理氧化成酸；与醛相比，酮不容易被氧化；强烈的氧化条件下，酮被氧化成小分子的羧酸。A 项为正确选项，B 项和 C 项不符合。

13. 无水醋酸低温时的状态呈( )。
    A. 液体　　　　　　　B. 冰状固体　　　　　C. 软膏体

解析：此题答案为 B。
纯的无水乙酸(冰醋酸)是无色的吸湿性固体，凝固点为 16.6℃，凝固后为无色晶体，B 项冰状固体为选项，A 项和 C 项不符合。

14. 下列选项中，燃烧不能生成二氧化碳的是( )。
    A. 乙醇　　　　　　　B. 四氯化碳　　　　　C. 石油

解析：此题答案为 B。
A 项乙醇为碳氢键在燃烧时断裂，生产二氧化碳；B 项中 C-Cl 键比较稳定，燃烧时不与氧气发生反应；C 项中石油中还有碳氢化合物，燃烧时产生二氧化碳。

15. 用作消毒的福尔马林成分是( )。
    A. 丙酮　　　　　　　B. 甲醛　　　　　　　C. 乙醛

解析：此题答案为 B。
福尔马林是甲醛的水溶液，外观无色透明，具有腐蚀性，且因内含的甲醛挥发性很强，开瓶后一下子就会散发出强烈的刺鼻味道。B 项为正确选项，A 项和 C 项不符合。

16. 下列不属于铁黑特性的是( )。
    A. 遮盖力高　　　　　B. 着色力强　　　　　C. 不溶于酸

解析：此题答案为 C。
铁黑为铁的氧化物，具有很强的遮盖力和着色力，可以与酸发生化学反应，溶于酸。所以 A、B 项符合铁黑特性，C 项不符合。

17. 下列不属于底漆作用的是( )。
    A. 防腐并增加附着力　B. 装饰　　　　　　　C. 保护基体

解析：此题答案为 B。
底漆是指直接涂到物体表面作为面漆坚实基础的涂料。要求在物面上附着牢固，以增加上层涂料的附着力，提高面漆的装饰性。根据涂装要求可分为头道底漆、二道底漆等，但底漆本身不具备装饰性。所以 A、C 项符合底漆的作用，B 项为面漆的作用。

18. 喷枪气帽上的辅助气孔起到的作用是促进( )。
    A. 吸出涂料　　　　　B. 涂料雾化　　　　　C. 涂料流量

解析：此题答案为 B。
A 项是由位于喷嘴末端的中心气孔产生的负压而形成的；B 项是由辅助气孔喷出空气量的多少而决定的；C 项是由针阀与喷嘴之间的行程来决定的。

19. 砂纸的粗细用( )。

A. 英文表示 B. 拉丁文表示 C. 阿拉伯数字表示

解析：此题答案为C。

砂纸的数字表示每1cm×1cm面积内有多少颗研磨砂粒。研磨颗粒越多表示砂纸数字越大，砂纸越细；研磨颗粒越少，表示砂纸数字越小，砂纸越粗。

20. 一般来说，汽车涂料的"三防"性能是指（　　）。
    A. 防湿热、防老化、防霉菌
    B. 防失光、防失色、防粉化
    C. 防湿热、防盐雾、防霉菌

解析：此题答案为C。

"三防"概念一般是指工业涂料中的电路板涂料，防潮、防霉、防锈（耐盐雾）。三防漆是一种特殊配方的涂料，用于保护电路板及其相关设备免受环境的侵蚀，是根据每个地区和每个厂家使用的要求和侧重点来决定的。一般来说，三防漆不只是"三防"，它应具有良好的耐高低温性能；其固化后成一层透明保护膜，具有优越的绝缘、防潮、防漏电、防振、防尘、防腐蚀、防老化、耐电晕等性能。如果指汽车涂装的三防，应该是防锈、防紫外线、防划伤。因此，在这3个选项中，选项C最符合题意。

21. 中涂漆应要求与底漆、原子灰、面漆（　　）。
    A. 同属单组成分类 B. 配套良好 C. 不必配套

解析：此题答案为B。

汽车用中涂漆按其组分分类可分为单组分和双组分。无论何种中涂漆都是用于汽车底漆和面漆之间的涂料，要求它既能牢固地附着在底漆表面上，又能容易地与它上面的面漆涂层相结合，起着重要的承上启下的作用。中涂漆除了要求与其上下涂层有牢固的附着力、结合力和良好的配套性，同时还应具有填平性，以消除被涂物表面的洞眼、纹路等，从而制成平整的表面，使得涂饰面漆后得到平整、丰满的涂层，提高整个涂膜的鲜映性和丰满度，以提高整个涂层的装饰性；还应具有良好的打磨性，从而打磨后能得到平整光滑的表面。因此，在这3个选项中，选项B是正确的。

22. 环氧树脂与其他合成树脂的混溶性随着相对分子质量的增加而（　　）。
    A. 增加 B. 一样 C. 降低

解析：此题答案为C。

环氧树脂可以和其他许多合成树脂相混溶，这对涂料制造来说是很重要的。在涂料工业中，目前使用最多的是四种固体环氧树脂，环氧树脂与其他合成树脂的混溶性随着相对分子质量的增加而降低。一般来说，环氧树脂与芳香族聚合物是混溶的，而与脂肪族聚合物是不混溶的。

23. 铁黑的遮盖力、着色力都很好，它的分子式为（　　）。
    A. Fe_3O_4 B. FeO C. $Fe(OH)_3$

解析：此题答案为A。

A项铁黑，化学名称为磁铁矿，其化学成分为Fe_3O_4，以很高遮盖力、着色力强、耐光性能好等特点而应用于涂料行业制漆。B项FeO为黑色的氧化亚铁，但它极不稳定，很容易氧化成红棕色的氧化铁（Fe_2O_3）。C项$Fe(OH)_3$为棕色或红褐色粉末或深棕色絮状沉淀或胶体的氢氧化铁,用来制颜料、药物。

24.下列关于面漆的作用,叙述不正确的是(　　)。
　　A.填充作用　　　　　B.装饰作用　　　　　C.保护作用
解析:此题答案为 A。
汽车面漆是整个涂膜的最外一层,首先耐候性是面漆的一项重要指标,要求面漆在极端温变湿变、风雪雨雹的气候条件下不变色、不失光、不起泡和不开裂;面漆涂装后的外观更重要,要求涂膜外观丰满、无橘皮、流平性好、鲜映性好,从而使汽车车身具有高质量的协调感和外形;另外,面漆还应具有足够的硬度、抗石化性、耐化学品性、耐污性和防腐性等性能,使汽车外观在各种条件下保持不变。A 项填充作用主要由底层涂料来实现。

25.炭黑是由某类物质经过各种方法热裂化而制得,这类物质属于(　　)。
　　A.烃类　　　　　　　B.醇类　　　　　　　C.醚类
解析:此题答案为 A。
工业上的炭黑是由烃类(油类或天然气等碳氢化合物)裂解和不完全燃烧而制得的高度分散性的黑色粉末状物质,它主要由碳元素组成。因此,选 A。

26.环氧树脂的收缩性较小,其收缩率小于(　　)。
　　A.0.04　　　　　　　B.0.03　　　　　　　C.0.02
解析:此题答案为 C。
环氧树脂和所用的固化剂的反应是通过直接加成反应或树脂分子中环氧基的开环聚合反应来进行的,没有水或其他挥发性副产物放出。它们和不饱和聚酯树脂、酚醛树脂相比,在固化过程中显示出很低的收缩性(小于2%)。因此,选 C。

27.铁 + 氧 + 电解质 = 氧化铁,是讲车身的(　　)。
　　A.纯化过程　　　　　B.表面处理过程　　　　　C.锈蚀过程
解析:此题答案为 C。
金属腐蚀分为化学腐蚀和电化学腐蚀。
化学腐蚀是指金属在干燥气体和非电解质溶液中发生化学反应而导致的腐蚀,这类腐蚀是没有水介入的。
电化学腐蚀是指不纯的金属或合金因发生原电池反应而造成的腐蚀。最普遍的钢铁腐蚀:
负极:$2Fe - 4e^- = 2Fe^{2+}$
正极:$O_2 + 2H_2O + 4e^- = 4OH^-$(注:在少数情况下,若周围介质的酸性较强,正极的反应是:$2H^+ + 2e^- = H_2\uparrow$)
因此,根据腐蚀发生的条件不同,电化学腐蚀又分为吸氧腐蚀和析氢腐蚀。
吸氧腐蚀:金属铁在酸性很弱或中性溶液里,空气里的氧气溶解于金属表面水膜中而发生的电化学腐蚀。
析氢腐蚀:在酸性较强的溶液中发生电化腐蚀时放出氢气,这种腐蚀称为析氢腐蚀。

28.锌钡白化学成分为 $ZnS \cdot BaSO_4$,颜色洁白,又名(　　)。
　　A.立德粉　　　　　　B.滑石粉　　　　　　C.炭粉
解析:此题答案为 A。

锌钡白,又名立东粉、立德粉,其化学成分为 $ZnS·BaSO_4$,呈白色结晶性粉末。滑石粉的主要成分是滑石含水的硅酸镁,分子式为 $Mg[SiO](OH)$,为白色或类白色、微细、无砂性的粉末,手摸有油腻感。

29. 在涂料中,属于挥发性物质的是( )。

  A. 树脂   B. 溶剂   C. 颜料

解析:此题答案为 B。

涂料由主要成膜物质、次要成膜物质和辅助成膜物质三大部分组成,主要成膜物质为油料和树脂等,次要成膜物质主要是颜料,辅助成膜物质主要是涂料中的溶剂、稀释剂和其他添加剂等。在形成涂膜时有一部分辅助成膜物质会挥发掉,如溶剂、助溶剂、稀释剂等;有些最后存在于涂膜中而不挥发掉,如催化剂、固化剂等。

30. 金属盐类催干剂按性能大小排列正确的是( )。

  A. 铁、铜、钴、锰   B. 钴、锰、铬、铁   C. 铅、锰、铁、铜

解析:此题答案为 B。

很多金属盐都可做催干剂的原料。按照催干性能的大小排列为钴、锰、铈、铬、铁、铜、镍、锌、钙、铝。有实用价值的是钴、锰、铁、锌、钙等金属的氧化物、盐类。

31. 可以保护分散好的颜料,形成具有独特的稳定结构的助剂是( )。

  A. 流平剂   B. 流变助剂   C. 润湿剂

解析:此题答案为 B。

涂料能否达到平整光滑的特性,称为涂料的流平性。流平性不良,喷涂时会出现橘皮、刷涂时会出现刷痕等,流平剂的加入,可以在一定程度上克服这些弊病。

流变助剂能保护分散好的颜料形成具有独特的稳定结构,可以控制涂料的流挂,又能保持优良的流平性,消除涂膜的弊病。

湿润剂和分散剂一般是表面活性剂。湿润剂主要是降低物质的表面张力,其分子量较小。分散剂可以吸附在颜料粒子的表面,使分散体保持稳定状态,一般分子量较大。湿润剂和分散剂的作用有时比较难以区分,许多助剂既有湿润、又有分散的功能。

32. 汽车底层漆中适用黑色金属表面优先选用的是( )。

  A. 环氧底漆   B. 醇酸底漆   C. 脂胶底漆

解析:此题答案为 A。

黑色金属是工业上对铁、锰与铬的统称,也包括这三种金属的合金,尤其是合金钢及钢铁。环氧底漆对铁、铝金属有很好的附着力,涂膜坚韧,耐腐蚀性强,大量用于汽车和其他设备做涂层的底涂层。因此,在这三种汽车底层漆中适用黑色金属表面优先选用的是环氧底漆。

33. 涂膜流平的过程与涂层的厚度有关,涂膜的厚度减少一半,流平的时间要增加( )。

  A. 4 倍   B. 1 倍   C. 8 倍

解析:此题答案为 C。

经研究发现,涂膜流平的过程与涂层的厚度有关,厚度减少一半,流平时间要增加 8 倍;与涂料的黏度有关,降低黏度有利于涂膜的流平;与涂料的表面张力有关,表面张力是流平

过程中的推力,它有使涂膜表面积收缩至最小的趋势,使涂层从刷痕、凹槽成为平滑的表面,表面张力的增加可以缩短流平的时间。

34. 最易发生"潮湿发白"的季节是(   )。
    A. 夏季　　　　　　　B. 冬季　　　　　　　C. 秋季

解析:此题答案为 A。

造成漆面发白现象有两个重要的因素:一是溶剂的挥发,二是空气的湿度。溶剂挥发得越快,瞬间降温速度就越快,程度也越大,在相同的湿度下,发白就会越加严重;同样,空气的湿度越高,水蒸气含量越高,相同温度下凝结成水珠的程度就越高,即越容易发白。因此,在夏季的时候,空气潮湿,是涂料最易发生"潮湿发白"的季节,选 A。

35. 树脂的溶解度和溶剂的溶解力决定了涂料的(   )。
    A. 流平性　　　　　　B. 初始黏度　　　　　C. 挥发速度

解析:此题答案为 B。

挥发是涂料干燥过程的一部分,调整溶剂的挥发速率,可以控制干燥过程中各个阶段的涂料黏度。涂料的初始黏度取决于树脂的溶解度和溶剂的溶解力。

36. 国家标准规定:成膜物质分为(   )。
    A. 15 类　　　　　　　B. 16 类　　　　　　　C. 17 类

解析:此题答案为 C。

根据国家标准 GB/T 2705—2003,涂料按照成膜物质分类可分为 17 类:油脂;天然树脂;酚醛树脂;沥青;醇酸树脂;氨基树脂;硝酸纤维素(脂);纤维素脂、纤维素醚;过氯乙烯树脂;稀类树脂;丙烯酸树脂;聚酯树脂;环氧树脂;聚氨酯树脂;元素有机聚合物;橡胶;其他(以上16 类包括不了的成膜物质)。

37. 双酚 A 型环氧树脂由某些物质合成,它们是双酚 A 和(   )。
    A. 氯乙烯　　　　　　B. 环氧丙烷　　　　　C. 环氧氯丙烷

解析:此题答案为 C。

双酚 A 型环氧树脂是由双酚 A、环氧氯丙烷在碱性条件下缩合,经水洗,脱溶剂精制而成的高分子化合物。因环氧树脂的制成品具有良好的物理力学性能、耐化学药品性、电气绝缘性能,故广泛应用于涂料、胶粘剂、玻璃钢、层压板、电子浇铸、灌封、包封等领域。因此选 C。

38. 一般树脂都具有的性质是可熔化和溶解于(   )。
    A. 有机溶剂　　　　　B. 水　　　　　　　　C. 酸

解析:此题答案为 A。

树脂是多种高分子复杂化合物相互溶和而成的混合物。它是非结晶的固体或黏稠液体,虽没有固定的熔点,又不溶于水,但在受热时会软化或熔化,多数树脂可溶于有机溶剂。

39. 树脂在涂料中作为主要(   )。
    A. 溶剂　　　　　　　B. 助剂　　　　　　　C. 成膜物质

解析:此题答案为 C。

涂料由主要成膜物质、次要成膜物质和辅助成膜物质三大部分组成,主要成膜物质为油料和树脂等,次要成膜物质主要是颜料,辅助成膜物质主要是涂料中的溶剂、稀释剂和其他添加剂等。

40. 松香外观为透明玻璃状脆性物质,颜色由浅黄到黑色,气味是( )。
    A. 特殊的   B. 无味的   C. 香的
   解析:此题答案为 A。
   松香,是指以松树松脂为原料,通过不同的加工方式得到的非挥发性天然树脂,具有松林中特有的香味,常温下呈固体,透明,不溶于水,质硬而脆,淡黄色或棕色,是制造油漆、肥皂、纸、火柴等的工业原料。

41. 虫胶又称紫胶,它的原料是由南亚热带树上的( )。
    A. 寄生昆虫分泌出的胶   B. 叶子分泌出的胶   C. 果子分泌出的胶
   解析:此题答案为 A。
   虫胶就是紫胶。紫胶虫吸取寄主树树液后分泌出的紫色天然树脂。又称赤胶、紫草茸等。主要含有紫胶树脂、紫胶蜡和紫胶色素。

42. 人造沥青有( )。
    A. 两大类   B. 三大类   C. 五大类
   解析:此题答案为 A。
   沥青主要可以分为煤焦沥青、石油沥青和天然沥青三种;其中,煤焦沥青是炼焦的副产品,石油沥青是原油蒸馏后的残渣。因此,人造沥青包括煤焦沥青和石油沥青。

43. 沥青是黑色的( )。
    A. 热固性材料   B. 热塑性材料   C. 中性材料
   解析:此题答案为 B。
   沥青是一种由碳、氢、氧、硫、氮等组成的复杂化合物。性状或为黑色可塑性固体,或为黑色无定形黏稠状物质,易熔融,可溶于烃类溶剂或松节油中。

44. 环氧树脂是含有环氧基团的( )。
    A. 高分子化合物   B. 低分子化合物   C. 原子化合物
   解析:此题答案为 A。
   环氧树脂又称作人工树脂、人造树脂、树脂胶等,是一类重要的热固性塑料,广泛用于黏合剂、涂料等。环氧树脂是泛指分子中含有两个或两个以上环氧基团的有机高分子化合物。

45. 环氧树脂和固化剂反应时,是通过直接( )。
    A. 化学反应   B. 加成反应   C. 聚合反应
   解析:此题答案为 B。
   环氧树脂和所用的固化剂的反应是通过直接加成反应或树脂分子中环氧基的开环聚合反应来进行的,没有水或其他挥发性副产物放出。

46. 颜料是有色涂料制造中必不可少的原料,它能使涂层具有一定的( )。
    A. 遮盖力   B. 溶解力   C. 分解力
   解析:此题答案为 A。
   颜料为粉末状固体,是有色涂料制造中必不可少的原料,它能使涂层具有一定的遮盖能力,有增加色彩和保护装饰功能,从而掩盖了基材上的缺陷。不仅如此,颜料在涂层中能阻挡紫外线的穿透力,很多颜料还具有吸收紫外线的功能,因而颜料也提高了涂层的防老化作用,减弱了紫外线对成膜聚合物的降解作用,还能增强涂膜本身强度、耐久性、耐候性和耐磨性。

47. 颜色的三种参数是色调、饱和度(或纯度)和(　　)。
    A. 亮度　　　　　　B. 色彩　　　　　　C. 色差

解析:此题答案为 A。

颜色的三种参数,即颜色的三个空间或颜色三属性,是指色调、明度和彩度。色调也叫色相或名称,是颜色之间的区别,是一定波长单色光的颜色相貌,是色彩的第一种性质(属性);明度是人们看到颜色所引起视觉上明暗(深浅)程度的感觉,也叫亮度、光度或黑白度,是色彩的第二个最容易分辨出的属性;彩度是表示颜色偏离具有的灰色的程度,是颜色在心理上的纯度感觉,也叫纯度、鲜艳度或饱和度,是色彩的第三个性质,也是一种不易觉察并经常受到曲解的性质。

48. 颜料的遮盖力主要取决于涂层表面的(　　)。
    A. 反射光光量　　　　B. 入射光光量　　　　C. 折射光光量

解析:此题答案为 A。

颜料遮盖力的强弱受下列因素的影响:

(1)颜料和色漆基料两者折射率之差越大,颜料的遮盖力越强。

(2)颜料的遮盖力不仅取决于涂层反射光的光量,也取决于对射在涂层表面的光的吸收能力。

(3)颜料的颗粒大小和分散程度影响遮盖力。颜料分散得好,颗粒变小,反射的面积多了,因而遮盖力增大。

(4)有些颜料的遮盖力随着它们的晶体结构不同而有差异。

49. 下列不属于蓝色系的颜料是(　　)。
    A. 群青　　　　　　B. 铁蓝　　　　　　C. 铅铬橙

解析:此题答案为 C。

铅铬橙的主要成分是碱式铬酸铅的橙色颜料,具有高的遮盖力、作色力、耐气候性,相当高的耐光性。对热稳定,加热至 600℃ 几乎不分解。用于涂料、油墨等工业。

50. 车身中间涂层和面漆涂层的厚度一般控制在(　　)。
    A. 100~130μm　　　B. 50~80μm　　　C. 150~200μm

解析:此题答案为 A。

根据汽车涂装标准工艺要求,中涂漆的膜厚一般控制在 40~60μm,面漆的膜厚一般控制在 60~70μm。A 项符合标准要求;B 项涂层过薄;C 项涂层过厚。

51. 喷涂清漆前清除底层表面漆雾,应使用(　　)。
    A. 粘尘布　　　　　B. 除油布　　　　　C. 菜瓜布

解析:此题答案为 A。

A 项粘尘布是喷漆作业前清理表面灰尘、漆雾的必用品,可以有效地去除待喷漆表面的灰尘和异物,使喷漆后的漆面更加光滑和有光泽;B 项除油布具有吸水性好、不掉屑、耐洗涤的性能,跟清洁剂配合使用能去除灰尘、油污等;C 项菜瓜布属于三维打磨材料,具有很好的柔韧性,适合打磨外形复杂或特殊材料的表面。

52. 在干磨作业中,前道工序使用 P180 砂纸,则后道工序打磨应使用(　　)。
   A. P320　　　　　　　B. P240　　　　　　　C. 越细越好
   解析:此题答案为 B。
   根据干磨工艺要求砂纸选用应按从粗到细,以相差不超过 100 号的砂纸循序渐进的原则进行施工操作。上述选项中 B 项符合干磨工艺要求。

53. 关于中涂底漆的特性,下列叙述正确的是(　　)。
   A. 有良好的填充性能　　B. 有高的装饰性　　C. 色彩丰富
   解析:此题答案为 A。
   中涂底漆涂层在面漆之下,主要起到增强涂层间的附着力,对底层提供封闭和填充细微痕迹的作用,因此中涂底漆要有一定的附着力、耐溶剂性及填充性,以保证为面漆提供一个完善的施工基础。
   A 项是中涂底漆的特性,而 B、C 项是面漆的特性。

54. 刮涂原子灰前打磨羽状边,应选用(　　)。
   A. 干磨砂纸 P60　　　B. 干磨砂纸 P80　　　C. 干磨砂纸 P120
   解析:此题答案为 C。
   板件受损之后会影响涂膜与金属之间的附着力,必须清除原有涂膜。一般利用 A 或 B 项研磨受损区域去除旧涂层,直至暴露出受损区域的裸金属。C 项研磨裸金属边缘的旧涂层,使之形成平滑过渡的羽状边。

55. PVC 塑料的中文名称为(　　)。
   A. 聚氯乙烯　　　　　B. 聚酯塑料　　　　　C. 环氧塑料
   解析:此题答案为 A。
   A 项是聚氯乙烯,英文简称 PVC(Polyvinyl chloride),是氯乙烯单体(Vinyl chloride monomer,VCM)在过氧化物、偶氮化合物等引发剂,或在光、热作用下按自由基聚合反应机理聚合而成的聚合物;B 项是聚酯塑料,英文简称 PET(Polyethylene terephthalate),由多元醇和多元酸缩聚而得的聚合物总称,是一类性能优异、用途广泛的工程塑料;C 项是环氧塑料,英文简称 EP(Epoxy resin),是以环氧树脂为基材的塑料。环氧树脂是泛指分子中含有两个或两个以上环氧基团的有机高分子化合物,除个别外,它们的相对分子质量都不高。

56. 原子灰的刮涂范围是(　　)。
   A. 在羽状边内　　　　B. 可超过羽状边　　　C. 无明确规定
   解析:此题答案为 A。
   原子灰主要是用来填补被施工工件的不平整的地方,使受损板件恢复到原有的形状。
   A 项是在羽状边内,即指凹陷处,需要用原子灰填补;B 项是可超过羽状边,羽状边以外的部位为完好部位,因此无需原子灰填补。

57. 进行清洁除油时,应遵循的原则是(　　)。
   A. 先湿擦,后干擦　　B. 先干擦,后湿擦　　C. 湿擦即可
   解析:此题答案为 A。
   车身表面有硅脂、蜡、油脂等污染物,这些表面污染物只有专用的化学清洁剂才能溶解,使其浮于工件表面,并在清洁剂未挥发前,将其擦拭去除。

A 项是先湿擦,即指用清洁剂将污染物溶解;再干擦,指将溶解的污染物擦除。

B 项是先干擦,不能将污染物擦除;后湿擦,只能溶解污染物,并没有将污染物擦除。

C 项是只有湿擦,只是将污染物溶解在工件表面,而没有真正从工件表面擦除。

58. 孟塞尔系色环中央轴越往下越(　　)。

　　A. 亮　　　　　　　　B. 暗　　　　　　　　C. 灰

解析:此题答案为"B"。

在孟塞尔颜色定位系统中,中央轴代表明度,越往上越亮,越往下越暗,而明度一般用"亮、暗"或者"高、低"来表述,因此答案为 B 项。

59. 热固性塑料的特点是固化(　　)。

　　A. 一次　　　　　　　B. 二次　　　　　　　C. 多次

解析:此题答案为"A"。

热固性塑料以热固性树脂为主要成分,配合以各种必要的添加剂通过交联固化过程形成的塑料。在制造或成型过程的前期为液态,固化后即不溶融,也不能再次热熔或软化。

热塑性塑料是一类应用最广的塑料,以热塑性树脂主要成分,并添加各种助剂而配制成塑料。在一定的温度条件下,塑料能软化或熔融成任意形状,冷却后形状不变;这种状态可多次反复而始终具有可塑性,且这种反复只是一种物理变化,称这种塑料为热塑性塑料。

60. 喷枪气帽上的辅助气孔起到的作用是促进(　　)。

　　A. 吸出涂料　　　　　B. 涂料雾化　　　　　C. 涂料流量

解析:喷枪气帽上有三个小孔分别为中心孔、辅助气孔和侧孔。中心孔的作用是产生负压吸出涂料;辅助孔的作用是促进涂料的雾化;侧孔的作用是控制喷雾的形状。所以此题答案应选 B 选项。

二、判断题

1. 从功能分,涂料中的溶剂可分真溶剂和助溶剂两类。(　　)

解析:此题答案为"×"。

溶剂在涂料中按其所起的功能不同可分为三大类,即真溶剂、助溶剂和稀释剂。真溶剂是指起到溶解树脂作用的溶剂;助溶剂是指起到促进真溶剂溶解能力作用的溶剂;稀释剂对于特定的树脂不会起溶剂的作用,但可以减少溶剂和产品的消耗,其作用为稀释树脂及分散颜料。

2. 喷枪的喷嘴和气帽是雾化的关键。(　　)

解析:此题答案为"√"。

喷枪的雾化是由喷嘴和气帽协作完成,具体过程为:涂料从喷嘴喷出时,立即被从气帽环形气孔喷出的高速气流围在中间,气流的旋转使涂料分散;涂料的液流与气流相遇,液流附随气流方向,并进一步分散成细雾;涂料受气帽两侧犄角上气孔喷出的气流夹击,两股气流从相反方向交叉冲击涂料细雾,使其由圆形喷雾流成为扇形喷雾流。

3. 主油水分离器应安装在空气压缩机气流出口处。(　　)

解析:此题答案为"×"。

由于经空气压缩机压缩的空气温度可高达 100～150℃,需待气体降温后,压缩空气中的油和水变成水滴和油滴才比较容易滤去,所以主油水分离器要安装在主供气管道与空气压缩机相距 8~10m 的位置,提高油水分离的效果。

4. 重力式喷枪的优点是涂料的黏度变化极少影响喷出量的变化。(　　)

解析:此题答案为"√"。

汽车修理行业中使用最广泛的喷枪种类有吸上式和重力式两种。吸上式喷枪的枪壶安装在喷枪下方,涂料靠虹吸原理被吸入涂料通道,涂料黏度越大吸入量越小;重力式喷枪的枪壶安装在喷枪上方,涂料靠自重进入涂料通道,因此黏度对喷出量影响极小。

5. 逆时针旋转喷枪的针塞调节螺钉,可增加涂料喷出量。(　　)

解析:此题答案为"√"。

调节针塞调节螺钉可控制涂料喷出量的大小,顺时针旋转针塞调节螺钉,使针塞行程变小,则减少涂料的喷出量;逆时针旋转针塞调节螺钉,使针塞行程变大,则增加涂料的喷出量。

6. 喷涂气压高,易造成涂料雾化不足,飞漆颗粒粗。(　　)

解析:此题答案为"×"。

喷枪的雾化效果的好坏主要由喷涂气压和空气流量决定,一般来说,喷涂气压低、流量小,涂料颗粒越粗,雾化效果越差;喷涂气压高、流量大,涂料颗粒越细,雾化效果越好。

7. 喷枪调试的喷雾流痕长度基本一致,说明喷雾流是均匀的。(　　)

解析:此题答案为"√"。

喷雾流流痕两边长中间短,说明漆量两边多中间少;喷雾流流痕两边短中间长,说明漆量两边少中间多;喷雾流流痕长度基本一致,说明漆量分布均匀。

8. 喷枪喷涂时,每一层喷涂幅度与上一层喷涂幅度必须重叠 1/2~3/4。(　　)

解析:此题答案为"√"。

喷涂时,根据个人喷涂习惯和涂料种类确定喷幅重叠幅度,一般重叠幅度控制在 1/2~3/4。均匀的喷幅重叠能避免"漏枪"缺陷,同时能提高单次成膜的厚度。

9. 涂料的稀稠由涂料黏度的高低表示。(　　)

解析:此题答案为"√"。

涂料的黏度又称涂料的稠度,是指涂料本身存在黏着力而产生涂料内部阻碍其相对流动的一种特性。这项指标直接影响涂料的施工性能、涂膜的流平性、流挂性。涂料的黏度越高说明涂料越稠,黏度越低说明涂料越稀。

10. 汽车修补涂料一般适宜用涂 -4 杯来测量。(　　)

解析:此题答案为"√"。

涂 -4 杯是国内应用最广泛的一种黏度杯,适用于测量流出时间不大于 150s 的涂料及其他相关产品的条件黏度,汽车修补涂料的黏度在其测量范围内。

11. 涂层质量的好坏与被涂表面无关,只取决于涂料本身质量和施工的质量。(　　)

解析:此题答案为"×"。

涂层质量的好坏与被涂表面、涂料本身质量和施工质量都有关系,被涂表面的状态决定着上层涂层质量的好坏,被涂表面的材质,以及处理情况将直接影响涂层质量,如被涂表面为没有经过预处理,即会造成附着力差、橘皮重、鱼眼等缺陷。

12. 氧化铁红防锈是因形成无透性的涂膜,减低了紫外线和大气对涂膜的损坏。(　　)

解析:此题答案为"√"。

氧化铁红为稳定的氧化物,当作为防锈涂料施涂时可形成无透性的涂膜,很大程度上降低了紫外线和大气中其他物质对底材的损坏。

13. 汽车修补用中涂底漆的填充性和打磨性是由体质颜料提供的。(　　)

解析:此题答案为"√"。

中涂底漆组成中,主要由体质颜料、树脂、溶剂和添加剂等组成。其中主要以体质颜料为主,在中涂底漆中占比为60%~70%,决定了填充性和打磨性。

14. 催干剂的加入量越多越好。(　　)

解析:此题答案为"×"。

催干剂的量要按照比例进行加入,适量的催干剂可以有效地提高效率,但是催干剂量越多的话,反而会延迟催干的时间。

15. 原色或复色用白色冲淡,可得明度不同的各种色彩。(　　)

解析:此题答案为"√"。

任何一个颜色在颜色定位系统中都只有一个特定的位置,即由三属性(色调、彩度、明度)来确定,只有三属性完全一致时才是相同的颜色。在任何一个颜色中加入白色,即改变了明度,在颜色定位系统中的位置也将发生变化,加入量的不同决定其位置变化大小,即可得到不同的颜色。

16. 色调的强弱反映出亮度的大小。(　　)

解析:此题答案为"×"。

色调是区分不同颜色的视觉属性,它取决于光源的光谱组成以及物体表面对各种可见光的反射比例,是表示物体的颜色在"质"的方面的特性。

明度又称亮度,是人眼对物体明亮程度的感觉,是人眼对物体反射光强度的感觉,是表示物体的颜色在"量"的方面的特性。

17. 塑料比金属轻得多,但其比强度要比金属低得多。(　　)

解析:此题答案为"×"。

比强度是按单位体积质量计算的材料强度指标,其值等于材料强度与其表观密度之比,是衡量材料是否轻质高强的指标,它的意义在于,在能达到所需强度的前提下,比强度高的材料更轻便。大多数情况下,塑料的比强度要大于一般金属。

18. 表面预处理质量的好坏将直接影响涂层质量。(　　)

解析:此题答案为"√"。

工件表面预处理是涂装工艺的第一步,表面预处理质量的好坏将直接影响涂层的质量。表面经过预处理,使底材无油、无锈、无其他污物,并具有一定的粗糙度,能使涂料牢固地附着在底材上。表面预处理是保证涂层使用寿命及质量的重要环节。

19. 喷涂金属漆前,要把调好的金属漆搅拌均匀。(　　)

解析:此题答案为"√"。

金属颗粒易沉底,沉底后会使喷出的银粉颗粒排列不均匀,所以每次在喷涂前都要注意均匀搅拌,在喷涂中也要经常晃动喷枪,以防止金属颗粒沉底。

20. 磷化底漆成膜较厚,可单独作为底漆使用。( )

解析:此题答案为"×"。

磷化底漆能提高底漆对金属表面的附着力、耐蚀能力及热老化性能,可代替磷化和钝化处理,适用于各种金属表面,并耐一定的高温,可做烘烤面漆的底漆,但成膜很薄(10~15μm),一般不能单独作为底漆使用,必须与其他底漆配套使用才能有较好的效果。

21. 引起闪燃的最低温度称为该可燃物体的着火点。( )

解析:此题答案为"×"。

可燃液体挥发的蒸气与空气混合达到一定浓度遇明火发生一闪即逝的燃烧,或者将可燃固体加热到一定温度后,遇明火会发生一闪即灭的闪燃现象,称为闪燃。发生闪燃时的最低温度称为闪点。

可燃物在空气或氧气中燃烧,必须要达到该物质着火燃烧所需要的最低温度,这个最低温度称为该物质的着火点。

22. 电击是指电流对人体表皮造成局部伤害。( )

解析:此题答案为"×"。

电流对人体的伤害类型可分为两大类:电击和电伤。

(1)电击是电流通过人体内部,破坏人的心脏、神经系统、肺部的正常工作能力而造成的伤害。人体触及带电的导线、漏电设备的外壳或其他带电体,以及由于雷击或电容放电,都可能导致电击。

(2)电伤是电流的热效应、化学效应或机械效应对人体造成的局部伤害,包括电弧烧伤、烫伤、电烙印、皮肤金属化、电气机械伤害、电光眼等不同形式的伤害。

三、多项选择题

1. 制备涂料选择溶剂时,从性能上要考虑( )。
   A. 溶解力　　　B. 挥发性　　　C. 毒性　　　D. 气味大

解析:此题答案为 ABC。

溶剂的选择,首先要考虑的是溶解力和挥发速率两个基本因素,然后还要考虑其毒性。

2. 下列关于环氧树脂涂料性能及应用的描述,正确的有( )。
   A. 常用在面漆中　　　　　　B. 良好的耐化学品性能
   C. 极好的附着力　　　　　　D. 良好的耐候性

解析:此题答案为 BC。

环氧树脂具有黏合力强、收缩性小、稳定性高、耐化学品性优良、韧性好等优良性能。但环氧树脂耐候性差、易粉化,因为环氧树脂中一般含有芳香醚键,固化物经日光照射后易降解断链,所以通常的双酚 A 型环氧树脂固化物在户外日晒,易失去光泽,逐渐粉化,因此不宜用作户外的面漆。

3. 下列关于催干剂的叙述,正确的有( )。
   A. 催化干性涂膜的吸氧、聚合作用　　B. 缩短施工时间
   C. 性能优劣取决于对油溶解性的好坏　　D. 抵消抗氧化性

解析:此题答案为 ABC。

催干剂又称干料,是一种能够加速涂膜干燥的液体或固体。对干性涂膜的吸氧、聚合作用起着类似催化剂的作用。加入适量的催干剂有利于施工,可缩短施工时间,以防未干的涂膜受到雨露风沙的脏污和破坏。催干剂性能的优劣,取决于催干剂对油的溶解性的好坏,溶解性好的催干剂其催干效力就好,反之则劣。

4. 下列属于碱土金属盐类物质颜料的有(　　)。
　　A. 重晶石粉　　　B. 硫酸钡　　　C. 云母粉　　　D. 石英粉
解析:此题答案为 AB。

碱土金属指的是元素周期表上第 2 族(ⅡA 族)的金属元素,包括铍、镁、钙、锶、钡等,都是银白色的、比较软的金属,密度比较小。

重晶石是钡的最常见矿物,它的成分为硫酸钡。

云母(mica or glimmer)是分布最广的造岩矿物,是钾、铝、镁、铁、锂等层状结构铝硅酸盐的总称。云母属于铝硅酸盐矿物,具有连续层状硅氧四面体构造。云母族矿物中最常见的矿物种有黑云母、白云母、金云母、锂云母、绢云母等。

石英的主要成分是 SiO_2,无色透明。

5. 下列属于红色颜料的有(　　)。
　　A. 镉红　　　B. 银朱　　　C. 铁红　　　D. 铝粉
解析:此题答案为 ABC。

常见的红色颜料:

(1)无机红色颜料。

①铁红:铁红分子式为 Fe_2O_3。具有优良的颜料性能,有很高的遮盖力(仅次于炭黑),较好的耐化学稳定性(只溶于热浓酸),耐热性高,很好的耐光性和耐候性,毒性极小。

②镉红:镉红是硫化镉和硒化镉($3CdS \cdot 2CdSe$)的混合物,通常硫化镉 55%,硒化镉 45%。镉红颜料颜色非常饱满而鲜明,具有良好的耐温性、耐碱、耐光和耐大气影响的性能,着色力和遮盖力也很好。

③钼铬红:钼铬红是一种含有钼酸铅($PbMoO_4$)、铬酸铅($PbCrO_4$)和硫酸铅($PbSO_4$)颜色较鲜明的橘红色至红色颜料。着色力、遮盖力性能优良,耐热性非常好。

④银朱:亦名猩红、紫粉霜,是遮盖力强的名贵的红色无机颜料,素以色泽鲜艳、久不褪色和防虫防蛀著称于世。

(2)有机红色颜料。

有机红颜料品种繁多,色相有黄相红、正红、蓝相红和暗红等。

6. 下列属于白色颜料的有(　　)。
　　A. 钛白　　　B. 锌钡白　　　C. 氧化锌　　　D. 炭黑
解析:此题答案为 ABC。

粉末涂料常见的白色颜料有钛白粉(金红石钛白粉、锐钛型钛白粉)、氧化锌、立德粉(又称锌钡白)。

7. 颜料的作用有(　　)。
　　A. 使涂层具有一定的遮盖能力　　　B. 增加色彩和保护装饰功能
　　C. 掩盖基材上的缺陷　　　D. 吸收紫外线

解析:此题答案为 ABCD。

颜料能使涂层具有一定的遮盖能力,有增加色彩和保护装饰功能,从而掩盖了基材上的缺陷。不仅如此,颜料在涂层中能阻挡紫外线的穿透力,很多颜料还具有吸收紫外线的功能,因而颜料也提高了涂层的防老化作用,减弱了紫外线对成膜聚合物的降解作用,还能增强涂膜本身强度、耐久性、耐候性和耐磨性。

8.下列属于合成树脂的有( )。

  A.松香   B.聚氰乙烯   C.虫胶   D.聚氯乙烯

  解析:此题答案为 BD。

目前涂料中所用的树脂按来源可分为:来源于自然界的天然树脂、用天然高分子化合物加工制得的人造树脂和用化工原料合成的合成树脂。常见的天然树脂有松香、虫胶、沥青;人造树脂有松香衍生物(如石灰松香、松香甘油酯、顺丁烯二酸酐松香酯)、纤维衍生物(醋酸纤维、乙基纤维素)、合成树脂(聚合型:聚氯乙烯树脂、过氯乙烯树脂、丙烯酸树脂;缩合型:酚醛树脂、醇酸树脂、环氧树脂)。

9.下列属于非活性防锈颜料的有( )。

  A.氧化铁红   B.氧化锌   C.石墨   D.铝粉

  解析:此题答案为 ACD。

防锈颜料按其作用机理分,可分为物理性防锈颜料和化学活性防锈颜料。物理性防锈颜料本身化学性质较稳定,其防锈机理不是依靠颜料本身的化学活性,而是依靠它们所具有的物理特性。物理性防锈颜料又可分为非活性和活性颜料,非活性防锈颜料有氧化铁红、铝粉、石墨;活性防锈颜料有氧化锌、碱性碳酸粉、碱性硫酸铅。化学活性防锈颜料有红丹、锌铬黄、钡钾铬黄、碱性铅黄、铅酸钙、碳氮化铅、锌粉、铝粉。

10.下列关于汽车用漆的要求,叙述正确的有( )。

  A.耐候性和耐腐蚀性好   B.配套性和施工性好

  C.适合于各种交通工具   D.机械强度好

  解析:此题答案为 ABD。

汽车基材不仅要用底漆防腐、防锈,更重要的是用面漆涂装,以提高对金属的保护。面漆不但要有优良的装饰性(涂膜色彩鲜艳、光亮丰满),而且需要良好的保护性和抗石击性。涂膜有耐候、耐老化、耐水、耐油、耐磨及耐化学腐蚀性能的要求。

11.下列属于汽车用中间层涂料的有( )。

  A.通用底漆   B.原子灰   C.二道浆   D.封底漆

  解析:此题答案为 ABCD。

介于汽车底漆和面漆之间涂层统称为中间涂层,原子灰、二道底漆、通用底漆和封闭漆都是涂料配套涂层的中间层涂料。

12.下列关于增塑剂的叙述,正确的有( )。

  A.降低涂膜脆裂   B.增加弹性和附着力

  C.提高耐热性   D.增加柔韧性

  解析:此题答案为 ABD。

增塑剂又称塑化剂,是指能使高分子化合物或高分子材料增加塑性的物质。增塑剂可以降低弹性模量和断裂抗拉强度、提高延伸性和断裂伸长率、改进柔软性、改进可逆弯曲强度、改进韧性和冲击强度、降低玻璃化转变温度、扩张聚合物在较低温度下的可应用型、改进对各种基料的黏合、提高或降低薄膜的封口性、改进润滑性能和减少摩擦、减少静电充电能力、改进表面光泽和外观。

13. 下列关于中涂底漆的作用,叙述正确的有(　　)。
　　A. 良好的打磨性能　　　　　　B. 增强面漆和底漆之间的附着力
　　C. 良好的隔离性能　　　　　　D. 填充打磨划痕
　　解析:此题答案为 ABCD。
中涂底漆具备下列特性与作用:
(1)中涂漆必须具备良好的弹性和韧性,具备良好的抗石击性。
(2)中涂漆必须具备足够的填充性,能消除被涂底漆表面的划痕、微小孔洞、打磨痕迹和细眼等缺陷。
(3)中涂漆必须具备打磨性能良好,不粘砂纸,在打磨后可以得到平整、光滑的表面。
(4)中涂漆应与底漆、面漆有良好的施工配套性,涂层间的结合力强,硬度配套适中,不被面漆的溶剂所"咬起"。
(5)中涂漆必须具备良好的隔离性能,防止底漆层、原子灰层、旧涂层不良物质向面涂层渗出而污染涂膜表面,破坏面涂层的装饰性。
(6)中涂漆能给面漆一个吸附性一致的涂面,可以提高面漆的光泽度,提高面漆的美观和装饰性。
(7)中涂漆具有良好的施工性能,如温度适应性、干燥迅速、施工容易等。

14. 下列关于抛光的作用,叙述正确的有(　　)。
　　A. 用于旧涂面翻新　　　　　　B. 用于新涂面及修整
　　C. 消除涂面的粗粒　　　　　　D. 增加涂膜的光泽度和平滑度
　　解析:此题答案为 ABCD。
汽车抛光是指利用抛光机、抛光盘和磨料的研磨作用,消除涂膜表面的粗粒、失光、橘皮等缺陷,以获得光亮、平整表面的加工方法。上述 ABCD 选项都可利用抛光来达成目的。

15. 调整金属漆侧视效果的手段主要有(　　)。
　　A. 选用合适的银粉组合　　　　B. 使用银粉控色剂
　　C. 使用白色色母　　　　　　　D. 使用遮盖力强的色母
　　解析:此题答案为"ABC"。
添加粗银会使金属漆正浅侧深,细银相反,A 项正确;添加银粉控色剂会使侧面变浅,正面略深,B 项正确;添加白色色母会使正侧面变浅变浑浊,C 项正确;遮盖力强的色母会降低银粉的闪烁效果,一般不建议使用,因此 D 项不正确。

16. 影响银粉漆颜色匹配的因素有(　　)。
　　A. 稀释剂的种类　　B. 稀释剂的比例　　C. 喷枪的压力　　D. 喷枪扇面的调节
　　解析:此题答案为"ABCD"。
影响银粉漆颜色的因素有很多,具体见下表。

浅	颜色偏向	深	浅	颜色偏向	深
少	←稀释剂配比→	多	少	←油漆流量→	大
快干	←稀释剂类型→	慢干	快	←走枪速度→	慢
小	←喷枪口径→	大	远	←枪距远近→	近
大	←气压调节→	小	少	←喷涂次数→	多
大	←扇面调节→	小	薄	←清漆厚度→	厚

17.汽车车身壳体按结构形式的类型分为(　　)。

　　A.非承载式　　　B.骨架式　　　C.半骨架式　　　D.承载式

解析:此题答案为"BC"。

汽车车身分类方式一般有以下几种:

(1)按用途可分为客车车身和货车车身。

(2)按车身壳体的结构形式可分为骨架式(整体式)车身和半骨架式(车架式)车身。

(3)按车身的受力情况可分为非承载式车身和承载式车身。

18.下列关于喷枪的操作,叙述正确的有(　　)。

　　A.旋转幅度针螺钉能调节喷幅截面

　　B.螺钉顺时针调节可以使喷幅截面由椭圆形截面逐渐过渡到圆截面雾状

　　C.螺钉逆时针调节可以使喷幅截面调节到所需的椭圆截面宽度

　　D.顺时针旋转针塞调节螺钉可减少涂料喷出量

解析:此题答案为"ABCD"。

喷枪有三个旋转螺钉分别是幅度调节螺钉、气压调节螺钉和针塞螺钉。幅度螺钉顺时针调节可以使喷幅截面由椭圆形截面逐渐过渡到圆截面雾状,逆时针调节可以使喷幅截面调节到所需的椭圆截面宽度。气压调节螺钉顺时针调节气压逐渐变小,逆时针调节气压逐渐变大。针塞螺钉顺时针调节油漆输出量逐渐变少,逆时针调节输出量逐渐变多。所以此题答案为ABCD选项。